新经典高等学校俄语专业高年级系列教材

总主编　戴桂菊

俄汉–汉俄口译基础教程

Начальный курс русско-китайского и китайско-русского устного последовательного перевода

顾鸿飞　主编

顾鸿飞　[俄罗斯] 叶·弗·加娜波莉斯卡娅　徐　琪　编

上

外语教学与研究出版社
北京

图书在版编目（CIP）数据

俄汉-汉俄口译基础教程．上／顾鸿飞主编；顾鸿飞，（俄罗斯）叶·弗·加娜波莉斯卡娅，徐琪编．-- 北京：外语教学与研究出版社，2023.1
新经典高等学校俄语专业高年级系列教材／戴桂菊总主编
ISBN 978-7-5213-4266-6

Ⅰ. ①俄⋯ Ⅱ. ①顾⋯ ②叶⋯ ③徐⋯ Ⅲ. ①俄语－口译－高等学校－教材 Ⅳ. ①H355.9

中国国家版本馆 CIP 数据核字 (2023) 第 023930 号

出 版 人　王　芳
项目策划　周朝虹
责任编辑　叶晓奕
责任校对　秦睿梓
封面设计　高　蕾
版式设计　锋尚设计
出版发行　外语教学与研究出版社
社　　址　北京市西三环北路 19 号（100089）
网　　址　https://www.fltrp.com
印　　刷　北京虎彩文化传播有限公司
开　　本　787×1092　1/16
印　　张　14.5
版　　次　2023 年 4 月第 1 版　2023 年 4 月第 1 次印刷
书　　号　ISBN 978-7-5213-4266-6
定　　价　48.00 元

如有图书采购需求，图书内容或印刷装订等问题，侵权、盗版书籍等线索，请拨打以下电话或关注官方服务号：
客服电话：400 898 7008
官方服务号：微信搜索并关注公众号"外研社官方服务号"
外研社购书网址：https://fltrp.tmall.com

物料号：342660001

记载人类文明
沟通世界文化
外研社　www.fltrp.com

前　言

　　《俄汉—汉俄口译基础教程（上、下）》（新经典高等学校俄语专业高年级系列教材）是用于俄汉、汉俄交替传译技能训练的专项教材，受众面广，主要面向普通高等学校本科俄语专业三年级学生及需要提高口译能力的广大俄语学习者和俄语从业者等。

　　本教材遵循现代外语教学规律，结合俄汉、汉俄翻译教学特点，从我国高校俄语专业学生口译学习的实际需求出发，融思想性与实效性、理论性与实践性、规则性与灵活性、知识性与技巧性为一体，打破传统口译教材的模式，突出"授人以渔"的教学理念，在训练素材选取、训练题型设计、结构编排上都有所创新。

一、教材特点

　　1. 思政性。本教程的编写落实了立德树人的根本任务，立足中国，面向世界，反映时代特色，主题涉及领域广泛，涵盖旅游、教育、文化、环保等。教材将口译训练贯穿于对现实问题的认识、思考和探讨中，从而帮助学生树立正确的世界观、人生观和价值观。

　　2. 指导性。本教材强调"方法先行"，每一课的开篇之处均注明本课的教学目的，每一道练习题都详细说明材料的使用方法和口译能力的训练方法。

　　3. 选择性。本教材训练材料主题丰富，题量大，且难度具有层次性，能够满足不同高校口译教学和不同层次学习者口译训练的需要。课堂练习和课后自主练习既能保证口译训练基本目标的达成，同时又提供了更具弹性化的训练、提升空间。

　　4. 主题性。本教材每一课的训练材料均围绕一个核心主题展开，将口译技巧训练融于具体话题之中，同时，注意体现与本课相关的语言和文化知识点，力求主题突出、有的放矢。

　　5. 渐进性。本教材遵循循序渐进、由浅入深的原则，训练难度阶梯式递增。以单词为例，每课均增加新词，新词数量控制在每课总词数的10%左右。

　　6. 体系性。本教材力求在词汇、语法等语言知识方面与《高等学校俄语专业教学大纲》（以下简称《教学大纲》）要求保持一致，成为与《教学大纲》对标、与《大学俄语（东方新版）》相互补充、互为呼应的系统性教材。教材中的全部词汇及语法知识点以《高等学校俄语专业四级考试大纲》为基础，同时参考了《大学俄语（东方新版）》第5—6册的教学要求。

　　7. 互动性。本教材所有题型和训练方法的设计与编排都以学生为实践主体，规避课堂上老师讲得多、学生说得少的问题，激发学生的学习积极性，实现教与学之间的有效互动。

　　8. 多样性。本教材训练材料的体裁、题材和题型丰富多样。但本教材并非一味求多、求变，同一训练目标可在若干课里出现，但题型与训练重点不同，且难度逐步增加；同一段语料也有不同的用法，可在不同的练习题里用于多种技能的训练，以达到不同的训练目标。

　　9. 滚动性。每课训练1—2项口译技能，同时复习前面所学的内容，这样，口译技能训练得到滚动式的重复。

二、教材使用说明

《俄汉—汉俄口译基础教程》分上、下两册，每册包含两个专题，每个专题有四课，每课的教学需四课时，完成一册书的教学需三十二课时。按每学期十六周，每周两学时计算，一个学期可以学完一册书。

《俄汉—汉俄口译基础教程（上）》着重训练学生听辨、理解源语的能力以及基本的口译技能，配合用目的语表述原文大意的训练，旨在提升刚刚升入三年级的学生的俄语语言能力，解决其因听力水平不够而不会听、听不懂等问题，扫清学生在听辨和理解上的障碍，在教会他们"如何听"和"如何理解"的同时，使其掌握基本的口译技巧，具备初步的口译能力，养成良好的口译意识和规范的口译习惯，为下学期的口译综合能力训练做准备。

本册教材练习配有音频和视频，可供课上、课下口译训练使用。需要说明的是，鉴于本学期学生口译能力较弱，故本册教材专门录制了音频材料配合初级阶段的翻译训练。

本册教材共有两个专题，每个专题含四课。除第一课外，其他各课均包括以下几个部分：

1. 温故（Повторяем изученный материал）。这部分以复习、巩固、检测前一课所学内容为主，这部分中不出现新单词和新的口译技能，练习难度系数不大，适用于所有学生。

2. 知新（Изучаем новый материал）。这是每课的核心部分。这一部分围绕本课的主题，用形式多样的训练方法和练习训练学生的语言基本功和口译能力。每课的生词和新的口译技能集中在本部分。

3. 口译笔记（Изучаем переводческую скоропись）。遵循渐进性原则，由浅入深训练笔记技能。

4. 自主练习（Самостоятельная работа）。本部分是课堂训练在课后的延续，是要求学生课后独立完成的作业（可根据需要选择）。本部分既是对本课所学内容的复习、巩固，同时也是为下一课进行的知识、语言等方面的准备。

5. 注释（Комментарии）。这部分主要解释相关主题的语言和文化背景知识，增加口译实践所需的知识储备。

6. 词汇表（Словарь урока）。词汇表收录了本课的高频词和部分新词，汉语释义紧扣本课的语境。自主练习部分的词汇为非必须掌握项。

书后配有附录。附录1是参考答案（Ключи）。所有的译文根据口译"快、顺、准"的标准，体现出口译即时性与灵活性的特点。大部分参考答案给出多种译文形式，供学习者斟酌、参考。附录2是常用的口译笔记符号（Символы переводческой скорописи, использованные в учебном пособии），附录3是旅游团导游词（В помощь переводчику, сопровождающему туристическую группу）及译文。

本教材的主要题型及旨在训练的口译技能有：

1. 提高听辨、理解能力的语言训练：旨在为口译训练扫除障碍。

2. 语言质量提升训练：旨在完善学习者的语音面貌、提升语言表现力、提高语速。

3. 记录训练：要求学习者以看或听的方式寻找并记录对等译文。

4. 影子训练：要求学习者脱离文本，在录音的停顿处重复所听信息。

5. 主旨提炼训练：要求学习者以视译的方式概括、提炼源语信息。

6. 关键信息捕捉训练：要求学习者精准捕捉关键信息，如数字、日期、地理名称。

7. 关键词信息拓展训练：要求学习者根据口译笔记的关键词，用母语阐述原文大意。

8. 关键词信息拓展翻译训练：要求学习者根据口译笔记的关键词，用目的语阐述原文大意。

9. 常用语、套话训练：要求学习者择取积极、常用的固定表达法以及交际中常见的礼仪用语，进行双向口译训练。

10. 捕捉逻辑关系词训练：要求学习者寻找标记逻辑关系的词汇，利用这些词汇翻译信息。

11. 快速复原、翻译关键词训练：要求学习者在录音的停顿处对所听内容快速地进行翻译。

12. 听写翻译训练：要求学习者听写句子、短文，进行俄译汉或者汉译俄练习。

13. 转换能力训练：要求学习者用同义的词、词组或表达法替换所听到的词、词组或表达法。

14. 句子重组训练：要求学习者改变句法结构，对所听句子进行重组。

15. 复述及翻译训练：要求学习者复述所听短文，并进行口译。

16. 转述训练：要求学习者使用转换法，用俄语转述课文，并将其译成汉语。

17. 主旨翻译训练：要求学习者以看或听的方式概括、提炼源语信息，并进行口译。

18. 限时口译训练：要求学习者在规定的时间内用接近于源语的语速口译短文。

本册教材由厦门大学外文学院顾鸿飞主编，由顾鸿飞、俄罗斯国立圣彼得堡大学叶·弗·加娜波莉斯卡娅（Е. В. Ганапольская）和厦门大学外文学院徐琪共同编写。

《俄语—汉俄口译基础教程》（上）在编写过程中得到大连外国语大学教师克·弗·杜舍伊娜（К. В. Душеина），厦门大学外文学院教师伊·尼·涅斯捷连科（И. Н. Нестеренко）、胡晓静、李春雨、于丹红、王文毓、李妍等同仁以及厦门大学硕士研究生陆佳媛、刘一冰、江珊、周诗雨等的大力支持和帮助，在出版过程中得到外语教学与研究出版社各级领导和俄语编辑部各位同仁的热忱帮助。"新经典高等学校俄语专业高年级系列教材"总主编、北京外国语大学戴桂菊教授对全文进行审读，并提出宝贵意见、建议。在此编者一并向他们致以最诚挚的谢意。

本教材是探索如何编写突出口译特点、具有高度实用性教材的一次大胆尝试，由于编者经验不足，书中疏漏、谬误在所难免，敬请专家、读者批评指正，给我们提出宝贵意见。

目　录

Роль туризма в современном мире

УРОК 1

Всемирный день туризма

Цели урока
---

1 Поиск переводческих эквивалентов
2 Развитие кратковременной памяти (упражнение «теневое повторение»)
3 Тренировка в употреблении прецизионной лексики (даты)
4 Развитие навыков переводческого аудирования
5 Развитие навыков свободного говорения с опорой на ключевые слова
6 Накопление репродуктивного материала

ИЗУЧАЕМ НОВЫЙ МАТЕРИАЛ

🎧 **Задание 1** **Слушайте и читайте про себя текст.**

> **Обратите внимание**
> ❶ ЮНВТО[1], или ВТО – Всемирная туристская организация.
> ❷ Ежедневный → еже- – первая часть сложных слов, пишется слитно, имеет значение «каждый (о времени)», например: **еже**дневный ← каждый + день, т.е. «происходящий и т.п. каждый день», **еже**недельный ← каждый + неделя, т.е. «происходящий и т.п. каждую неделю», **еже**месячный, **еже**годный и т.п.
> ❸ Всемирная туристская организация, но туристический бизнес, туристическая фирма, комфортный отдых, но комфортабельный номер в гостинице.

Всемирный день туризма

Вряд ли вы найдёте человека, который бы не любил путешествовать и открывать для себя что-то новое. Современное общество ставит перед нами массу ежедневных проблем. И поэтому для сохранения психологического комфорта нам просто необходимо время от времени менять обстановку.

А знаете ли вы, что у туристов существует свой собственный международный праздник?

---

1 ЮНВТО 来自英文 UNWTO，即 United Nations World Tourism Organizations，联合国世界旅游组织。

Это праздник каждого человека, который хоть раз ощутил себя путешественником. Ведь это так приятно выбраться из ежедневной будничной суеты на берег речки, в лес, в поле или в другие места, которыми так богата наша Земля! И, конечно же, это праздник тех, кто занят в сфере туристического бизнеса: сотрудников туристических компаний, музейных работников, руководителей и персонала гостиничных комплексов. Это праздник всех, кто профессионально обеспечивает комфортный и безопасный отдых.

Цель этого праздника – пропаганда туризма, освещение его вклада в экономику мирового сообщества, развитие связей между народами разных стран.

Дата, когда отмечается Всемирный день туризма, выбрана не случайно. Этот праздник приурочен к концу туристического сезона в Северном полушарии и к его началу в Южном.

Сегодня Всемирный день туризма отмечается в большинстве стран мира: проходят слёты туристов, праздничные мероприятия и фестивали.

Каждый год Всемирная туристская организация (ЮНВТО) провозглашает новый девиз праздника. Так, например, в 2006 году, девиз праздника был «Туризм обогащает». Этот девиз был призван, с одной стороны, подчеркнуть важность туризма для экономики страны, ведь во многих странах туризм является важной статьёй дохода бюджета государства. А с другой стороны, он напоминал о том, что туризм даёт нам знание о культуре, истории, образе жизни людей других стран, то есть обогащает нас духовно, расширяет наш кругозор.

Задание 2

Найдите в тексте задания 1 слова, однокоренные словам из списка ниже, и запишите их. Переведите слова, значения которых вы не знаете.

(1) путешествие _____
(2) комфортабельный _____
(3) будни _____
(4) руководить _____
(5) безопасность _____
(6) экономический _____
(7) общественный _____
(8) отмечать _____

(9) мир _____
(10) север _____
(11) богатый _____
(12) работать _____
(13) обеспечение _____
(14) сохраняться _____
(15) духовный _____

Задание 3

Найдите в тексте задания 1 эквиваленты данных слов и выражений, прочитайте их вслух и запишите их.

（1）大量的日常问题 _____

（2）保持良好的心理状态 _____

（3）从每天的生活琐事中抽出时间 _____

（4）酒店的工作人员 _____

（5）阐释对经济的贡献 _____

（6）正赶上……的结束 _____

（7）旅游集会活动[1] _____

（8）偶尔 _____

（9）生活方式 _____

Задание 4

1. Быстро просмотрите текст задания 1 «Всемирный день туризма» и подчеркните слова, которые вам кажутся сложными для произношения.
2. Слушайте текст задания 1 по фразам и повторяйте каждую фразу в паузу вслед за диктором, записывая себя на диктофон. Старайтесь не смотреть в текст.
3. Прослушайте аудиозапись своего голоса, глядя в текст и подчёркивая другим цветом расхождения с текстом.
4. Подумайте о возможной причине ошибок и как их избежать в дальнейшем.
5. Выполните это задание ещё два раза.

Задание 5

Слушайте предложения на русском языке и записывайте по-китайски смысл каждого из них. Обсудите свои переводы с преподавателем. Каждое предложение будет прочитано только один раз. Вы можете записать не всю информацию, а только самую главную (≥70%).

Новые слова и выражения

① вносить – внести большой вклад *во что*　对……做出重大贡献
② что получает (получало/получило; получит) освещение *где*　揭示，展示；阐释，阐明；报道
③ *что* приурочено *к чему*　……被安排在……时候
④ туристский (туристический) слёт (слёт туристов)　旅游集会活动
⑤ детский художественный коллектив　儿童艺术团
⑥ любитель путешествий　旅游爱好者

---

1 旅游集会活动是俄罗斯特有的一种群众性的旅游活动，也是交流旅游经验、宣传特色旅游的一种方式。

(1) _____

(2) _____

(3) _____

(4) _____

🎧 **Задание 6**

Слушайте словосочетания на китайском языке, в паузу устно переводите их на русский язык, затем слушайте правильный ответ.

🎧 **Задание 7**

Слушайте даты на русском языке и пишите их цифрами. Проверьте себя по ключу. Затем прочитайте то, что вы записали, по-русски один раз вместе с диктором вслух и два раза самостоятельно в быстром темпе.

Месяц

(1) _____

(2) _____

(3) _____

День и месяц

(4) _____

(5) _____

(6) _____

Год (ответ на вопрос «Какой год?»)

(7) _____

(8) _____

(9) _____

(10) _____

(11) _____

(12) _____

Год (ответ на вопрос «Когда? В каком году?»)

(13) _____

(14) _____

(15) _____

(16) _____

(17) _____

(18) _____

Задание 8

Слушайте текст на русском языке. Пишите, что и когда произошло (происходит). Скажите, какое событие когда произошло.

(1) Всемирный день туризма был учреждён в _____.

(2) Этот праздник отмечается каждый год _____.

(3) Первый раз Всемирный день туризма отмечали в _____.

(4) В России Всемирный день туризма празднуют с _____.

(5) Россия вступила во ЮНВТО в _____.

(6) Китай вступил в ЮНВТО в _____.

(7) Россия была председателем Исполнительного комитета ЮНВТО в _____.

(8) В китайском городе Чэнду состоялась _____ сессия Генеральной ассамблеи ЮНВТО.

(9) Она проходила с _____ по _____.

Задание 9

На основе информации текстов задания 1 и задания 8 расскажите о Всемирном дне туризма а) по-русски, б) по-китайски. Используйте данные ниже вопросы как план ответа. Время на подготовку – 5 мин. Можно выписать из текстов названия, даты, любые нужные слова (≤10). Ваша задача – передать основной смысл. Вы можете использовать любые слова, какие считаете нужными.

(1) Кто и когда учредил этот праздник?

(2) С какого времени он отмечается?

(3) К чему приурочен праздник?

(4) Чей это праздник (кто его отмечает)?

(5) Для чего нужен этот праздник?

(6) Какие мероприятия проходят в этот день?

(7) Кто и когда провозглашает девиз праздника? Зачем нужен девиз?

САМОСТОЯТЕЛЬНАЯ РАБОТА

🎧 **Задание 10**

1. Слушайте текст и старайтесь понять его содержание. Ничего не записывайте. Вы можете слушать текст (в том числе и по частям) столько раз, сколько нужно, пока не поймёте его смысл.

Новые слова и выражения

1 *что* не сложилось ……没成功
2 по большому счёту 总体上讲；根据最严格的要求
3 эх 唉（语气词，在本文中表示遗憾）

2. После того как вы поняли содержание текста, запишите его перевод по-китайски. Можно делать перевод текста по частям.

_____

_____

_____

_____

_____

_____

3. Проверьте по ключу, насколько полно и правильно вы поняли смысл текста. Обсудите свой перевод с преподавателем.

Задание 11

Изучите схемы 1 и 2 «Виды туризма в России». Найдите на них эквиваленты названий видов туризма на китайском языке.

Схема 1 **Виды туризма в России**

🌴 **По территориальному аспекту** — внутренний ←→ международный
└ выездной ←→ въездной

🌴 **По цели поездки** — познавательный
├ религиозный
├ спортивный
├ оздоровительный
├ деловой
├ образовательный
├ с целью посещения родственников и друзей
├ экологический (или зелёный), включая эколого-этнографический
└ инновационные виды → туризм с добычей золота, грибной, медовый, беговой туризм в горах, кулинарный (гастрономический) туризм

🌴 **По продолжительности тура (поездки)** — краткосрочный
├ среднесрочный
└ долгосрочный

🌴 **По участию или неучастию посредника в организации поездки** — организованный
└ неорганизованный

🌴 **По степени организации тура (по количеству участников поездки)** — массовый
└ индивидуальный

🌴 **По возрасту туристов** — детский
├ молодёжный
├ для людей среднего возраста
└ для людей пожилого возраста

🌴 **По средствам передвижения** — авиатуризм
├ железнодорожный
├ автомобильный
└ автобусный туризм (автотуризм) ┐
┌ автостоп (путешествие автостопом)
├ морской
├ морской круиз (круизный туризм)
├ речной
├ велотуризм и мототуризм
└ пеший туризм

Схема 2   РОССИЙСКИЙ ТУРИЗМ

Национальный туризм			Международный туризм	
внутренний туризм			выездной туризм	въездной туризм
внутренний выездной	внутренний региональный туризм	внутренний въездной туризм		

Виды туризма	
1. купально-пляжный 2. лечебно-оздоровительный 3. культурно-познавательный 4. деловой (или: бизнес-туризм), включая конгрессный туризм 5. круизный водный (морской, речной) 6. религиозный (или: паломнический) 7. спортивно-оздоровительный 8. горнолыжный 9. охотничий 10. рыболовный 11. сельский («зелёный») (агротуризм)	12. этнографический 13. ностальгический 14. орнитологический (наблюдение за птицами) 15. шоп-туризм (шопинг-туризм) 16. экстремальный 17. гольф-туризм 18. дайв-туризм (дайвинг-туризм) 19. военный 20. космический 21. спортивный …

Событийный туризм (основные виды туризма)	Экологический туризм (экотуризм) (основные виды туризма)
1. культурный 2. спортивный 3. этнографический 4. деловой …	1. пешеходный 2. походы по экотропам 3. велосипедный 4. конный 5. дайвинг …

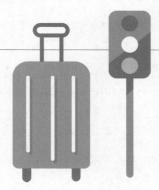

Задание 12

Найдите информацию, составьте схему и обобщите основные виды туризма в Китае. Найдите на них эквиваленты названий видов туризма на русском языке.

Задание 13

1. **Каждый год Всемирная туристская организация провозглашает девиз праздника. Прочитайте девизы и переведите незнакомые слова. Слушайте девизы и пишите, в каком году они были провозглашены. Проверьте себя.**

Год	Девиз
	Вклад туризма в сохранение культурного наследия, во всеобщий мир и взаимопонимание
	Путешествия и каникулы – не только всеобщее право, но и ответственность
	Туризм ради международного понимания, мира и сотрудничества
	Туризм – непризнанная индустрия, сервис, который нужно реализовать
	Связь, информация и образование: определяющие направления развития туризма
	Развитие туризма и защита окружающей среды: навстречу длительной гармонии
	Высококлассный персонал, качественный туризм
	Туризм – фактор толерантности и мира
	Партнёрство государственного и частного секторов: ключ к развитию и продвижению туризма
	Туризм: сохранение мирового наследия для нового тысячелетия
	Технология и природа: две трудные задачи для туризма на рассвете двадцать первого века
	Туризм: призыв к миру и диалогу между цивилизациями
	Спорт и туризм: две живущих силы для взаимного понимания, культуры и развития обществ
	Путешествия и транспорт: от воображения Жюля Верна к реальности 21-го века
	Туризм принимает вызов климатических изменений
	Туризм – торжество разнообразия
	Туризм и устойчивая энергетика

Год	Девиз
	Туризм и водные ресурсы: защита нашего общего будущего
	Туризм и развитие общин
	Туризм для всех – поощрение всеобщей доступности туризма

2. **Слушайте и повторяйте вслух даты и девизы, заглядывая в текст только в самых трудных случаях и отставая от диктора на 1/2 слова (Теневое повторение). Записывайте себя на диктофон. Старайтесь не смотреть в текст.**
3. **Прослушайте аудиозапись своего голоса, глядя в текст и подчёркивая (другим цветом) расхождения с текстом.**
4. **Подумайте о возможной причине ошибок и как их избежать в дальнейшем.**
5. **Выполните это задание ещё 2 раза.**

🎧 **Задание 14**

Слушайте и повторяйте в паузу вслед за диктором. Выполнять это задание следует так же, как указано в задании 4.

Вот ещё некоторые девизы Всемирного дня туризма:

Год	Девизы
1981	Туризм и качество жизни
1982	Лучшее в путешествии: хорошие гости и хорошие хозяева
1985	Молодёжный туризм: культурное и историческое наследие ради мира и дружбы
1986	Туризм – жизненная сила для мира во всём мире
1987	Туризм ради развития
1988	Туризм: образование для всех
1989	Свободное перемещение туристов создаёт новый мир
1992	Туризм: фактор роста социальной и экономической солидарности и знакомства между людьми
1995	ВТО на службе мирового туризма 20 лет
1997	Туризм: ведущее направление двадцать первого века по созданию рабочих мест и защите окружающей среды

续表

Год	Девизы
2002	Экотуризм – ключ к устойчивому развитию
2003	Туризм – мощный фактор борьбы с бедностью, создания рабочих мест и обеспечения социальной гармонии
2006	Туризм обогащает
2007	Туризм открывает двери для женщин
2010	Туризм и биоразнообразие
2011	Туризм объединяет культуры
2015	Один миллиард туристов – один миллиард возможностей
2017	Устойчивый туризм – инструмент для развития

ИЗУЧАЕМ ПЕРЕВОДЧЕСКУЮ СКОРОПИСЬ

Задание 15　**Изучите правило.**

　　口译现场性和即时性的特征要求译员具有很强的记忆力。但事实上，记忆力再强的译员仅凭大脑记忆不可能顺利完成口译工作，因为记忆总是伴随着遗忘。此外，在高度紧张的状态下，人脑的记忆功能会受到影响。笔记可以辅助译员对信息进行回忆和再认。因此，记笔记是译员必须掌握的一项核心技能。

1．用什么语言记笔记?

　　用源语记笔记，还是用目的语记笔记? 鉴于每个人的记忆能力、理解能力、对目的语的掌握程度不同，我们认为，译员可以使用本人认为最便捷的方式记笔记：使用源语、目的语、符号均可。

2．记什么?

　　（1）记精确词语（行为主体、数字、单位、专有名词、时间、地点等）、关键词（可以帮助译员记住原文主要内容的词）、逻辑关系线索词（表示各种逻辑关系的关联词和连接词）等。

　　（2）记数字的时候要记录数值指代的内容、数量单位和数量关系。

注意：笔记应少而精炼。

3．怎么记？

通常使用简略文字法和符号替代法。

（1）简略文字法

① 缩写名词

俄罗斯学者明亚尔·别洛鲁切夫（Миньяр-Белоручев）认为，当元音字母不在词首和词尾，而位于词中间时，记录时可以把该元音字母省略，也可以把双辅音之间的元音字母去掉，这样，记录的篇幅可以减少38%—40%，同时也不影响译者还原该词。如：шахматист → шхмтст, промышленность → прмшлнсть, сельское хозяйство → сльск. хзство，полугодие → плгдие。如果两个相同的辅音并列出现在一个单词里，缩写时，保留一个辅音即可。如：миллион → млн, территория → тртря。

② 缩写形容词

可以省略位于词尾的元音字母。如：молодёжная политика → млджн плтка。

③ 缩略语

可以使用缩略语。如c/x，СБ，ВВП，зам. 等。

④ 少于4个字母的单词无须缩写。

（2）符号替代法

① 用符号代替文字来表示意义是一种更加经济、有效的记录方法。这些符号是通用的，它们与单词的意义相关。比如，" "可表示"报告；报纸"等，√可表示"正确；优点；赞成"等。

② 常用符号大多是形象符号、数学符号、物理学符号、标点符号等。如：( ) 表示插入成分，∑ 表示"总而言之、总和"，¥ 表示"元（人民币）"，口 表示"国家"，在单词下画直线或者波浪线表示强调，° 表示"人、人（类）的"（该符号通常写在一个词或者符号的右上角。如："中国人"可用ф°或者к°表示。）

4．记多少？

口译实践要求译员以大脑记忆为主，笔记记忆为辅，大脑记忆和笔记记忆的分配比例通常是7：3。

5．其他注意事项

（1）一种符号有时可表示多种意思。如：дип. 可表示"国际"或"外交官"，⊠ 可表示"国际"或"国外"。译员可根据说话人的意图确定该符号的含义和翻译时应该使用的词语。

（2）口译笔记只为译员个人服务。因此，译员可以使用自己习惯的形象符号和单词的缩写方式，且不宜使用临时想出来的符号。

（3）记笔记的注意事项

① 最好使用64开、硬皮、竖式笔记本。

② 写明记录的日期、时间、地点和参加会谈人员的名字及职务。

③ 整体应遵循从上到下纵向记录的原则。每一次记录都应该从新的一页纸开始，切忌接着以前的笔记往下记。每一个关键词或关键信息应独占一行。

Задание 16 Прочитайте сокращённо записанный текст.

(1) Кждй из нас лбт птшствть.

(2) Темп сврмн жзни явлтся ткм нпржнм, общество ствт прд лдьми так мнго прблм, что прсто нбхдмо ингда мнть обстнвку.

Задание 17

Запишите сокращённо следующие слова в тех случаях, когда это нужно. Проверьте себя по ключу.

(1) бюджет _____

(2) вклад _____

(3) ведь _____

(4) выбраться _____

(5) государство _____

(6) тот _____

(7) доход _____

(8) статья _____

(9) дохода _____

(10) девиз _____

(11) мероприятие _____

(12) освещение _____

(13) поле _____

(14) персонал _____

(15) так _____

(16) полушарие _____

(17) лес _____

(18) приурочен _____

(19) провозглашает _____

(20) слёт _____

(21) сообщество _____

(22) сторона _____

(23) сфера _____

Задание 18

Запишите сокращённо следующие слова. Обратите внимание на прилагательные: их можно записать более кратко. Проверьте себя по ключу.

(1) современный _____

(2) массовый _____

(3) собственный _____

(4) путешественник _____

(5) профессионально _____

(6) общественный _____

(7) коллектив _____

(8) учреждённый _____

(9) ассамблея _____

Задание 19

Запишите сокращённо следующие словосочетания. Обратите внимание на прилагательные: их можно записать более кратко. Проверьте себя по ключу.

(1) современное общество _____

(2) ежедневные проблемы _____

(3) психологический комфорт _____

(4) международный праздник _____

(5) будничная суета _____

(6) туристический бизнес _____

(7) туристическая компания _____

(8) музейный работник _____

(9) гостиничный комплекс _____

(10) комфортный и безопасный отдых _____

(11) мировое сообщество _____

(12) Всемирный день туризма _____

(13) туристический сезон _____

(14) Северное полушарие _____

(15) Южное полушарие _____

(16) праздничные мероприятия _____

(17) каждый год _____

(18) новый девиз _____

(19) важная статья дохода _____

(20) массовый туризм _____

Задание 20

Запишите словосочетания аббревиатурой на русском языке. Проверьте себя по ключу.

(1) Организация Объединённых Наций _____

(2) Совет Безопасности Организации Объединённых Наций _____

(3) Генеральная Ассамблея _____

(4) Генеральная Ассамблея Организации Объединённых Наций _____

(5) Всемирная торговая организация _____

(6) Всемирная туристская организация _____

(7) Всемирная организация здравоохранения _____

(8) Организация Объединённых Наций по вопросам образования, науки и культуры

_____

Задание 21

Выпишите значения следующих символов (см. список символов в конце учебника). Выучите их.

(1) '' _____   (6) ⊙ _____

(2) ≈ _____   (7) □ _____

(3) дип _____   (8) = _____

(4) Ж _____   (9) ⊙ _____

(5) △ _____   (10) □² _____

Задание 22

Запишите символами следующие слова. Выучите символы.

(1) жизнь _____   (4) государство _____

(2) страна _____   (5) являться (быть) _____

(3) международный _____   (6) конференция _____

КОММЕНТАРИИ

1. 缩略词（Аббревиатуры）

现代俄语缩略词的数量与日俱增，但词典更新的速度慢于缩略词增加的速度。因此，使用在线词典是当前查找缩略词最便捷的方法之一。如www.sokr.ru就是其中之一，该词典持续更新。

2. 形似词，又称近音词（Паронимы）

（1）现代俄语中有很多外形相似、发音相近，但意义不同的词（名词、形容词、副词和动词居多），这类词被称作形似词。形似词通常是同根词。如：туристкий 与 туристический，комфортный 与 комфортабельный。

区分形似词的含义有一定的难度。因此，译员必须要清楚形似词在与不同词语搭配时的意义。如：туристская компания 表示 группа туристов，而 туристическая компания 则指 организация, фирма, которая оказывает туристические услуги。

（2）使用形似词时，建议：

① 查阅专门的形似词词典。如：

• Красных В.И. Паронимы в русском языке. М.: Астрель: АСТ, 2010.

• Вишнякова О.В. Словарь паронимов русского языка. М.: Русский язык, 1984.

• Колесников Н.П. Словарь паронимов русского языка. Ростов-на-Дону, 1985.

• Бельчиков Ю.А., Панюшева М.С. Словарь паронимов русского языка. М.: Астрель: АСТ, 2004.

② 借助俄文搜索引擎（如：Яндекс 或 Грамота. ру）。

СЛОВАРЬ УРОКА[1]

агентство 代理处，代办处

ассамблея 全体大会

будничный 日常的

бюджет 预算，（个人或家庭的）收支计划

виза 签证

вклад（对社会、科学、文化、经济等的）贡献

всемирный（全）世界的

выбраться 找到，挤出（时间）

гостиничный 旅馆的，旅社的

девиз（所举办活动的）主题

доход 收入

духовно 精神上

жильё 住所，住房

заниматься бизнесом 做生意

испанский 西班牙的

комитет 委员会

комфорт 舒适

круиз 水上旅游

любитель 爱好者，喜欢……的人

мероприятие 活动

номер (в гостинице)（宾馆的）房间

обеспечивать – обеспечить *что кому-чему, кого-что чем* 保证，保障

обогащать – обогатить *кого*（使）丰富，（使）充实

освещение 说明，阐释

отмечаться 纪念，庆祝

ощущать – ощутить *что* 感觉

палатка 帐篷

перелёт 飞行

персонал 工作人员

поездка 行程

полушарие（地球的）半球

поход 旅行

председатель 代表

приурочивать – приурочить *что к чему* 预定在……时候（进行）

провозглашать – провозгласить *что, кого-что кем-чем* 宣布

путешественник 旅游者

работник 工作人员

сезон 季（节）

туристический сезон 旅游季

слёт 集会

снаряжение 装备

сообщество 群体，共同体

сохранение 保留，保存

суета 日常琐事

туристский 游人的；旅游的

учреждать – учредить *что* 设立

художественный 艺术的

---

1 自主练习（Самостоятельная работа）版块的生词未收入词表。

Аббревиатуры

ООН – Организация Объединённых Наций
联合国
ГА ООН – Генеральная Ассамблея
Организации Объединённых Наций 联合国
大会
СБ ООН – Совет Безопасности Организации
Объединённых Наций 联合国安理会
ВТО – Всемирная торговая организация 世界
贸易组织（世贸组织）

ЮНВТО или ВТО – Всемирная туристская
организация 国际旅游组织
ВОЗ – Всемирная организация
здравоохранения 世界卫生组织
ЮНЕСКО – Организация Объединённых
Наций по вопросам образования, науки и
культуры 联合国教科文组织

Имена собственные

Всемирный день туризма 世界旅游日
Торремолинос 托雷莫利诺斯（西班牙城市）

Чэнду 成都

Виды туризма

Цели урока

1 Тренировка в употреблении прецизионной лексики (даты)
2 Накопление репродуктивного материала
3 Развитие навыков переводческого аудирования
4 Обучение выбору стратегии при переводе безэквивалентной лексики и устойчивых разговорных выражений
5 Развитие кратковременной памяти (упражнение «теневое повторение»)
6 Развитие навыков свободного говорения с опорой на ключевые слова

ПОВТОРЯЕМ ИЗУЧЕННЫЙ МАТЕРИАЛ

🎧 Задание 1

1. Слушайте годы на русском языке и пишите их цифрами. Проверьте себя по ключу.

(1) _____

(2) _____

(3) _____

2. Прочитайте даты ещё раз по-русски в быстром темпе, отвечая на вопрос «Какой год?».

Образец:

1936 → тысяча девятьсот тридцать шестой год

3. Прочитайте даты ещё раз в быстром темпе, отвечая на вопрос «В каком году?»

Образец:

1936 → в тысяча девятьсот тридцать шестом году

🎧 **Задание 2**

Слушайте даты на русском языке и пишите их цифрами. Проверьте себя по ключу. Затем прочитайте то, что вы записали, по-русски два раза в быстром темпе.

1. Когда? / Какого числа какого года?

(1) _____

(2) _____

(3) _____

2. Когда? / С какого года по какой год?

(1) _____

(2) _____

(3) _____

🎧 **Задание 3**

Переводите словосочетания устно на слух в паузу в высоком темпе. Затем слушайте правильный ответ. Проверьте себя по ключу.

🎧 **Задание 4**

Слушайте предложения на русском языке и записывайте по-китайски смысл каждого из них. Обсудите свои переводы с преподавателем. Каждое предложение будет прочитано только один раз. Вы можете записать не всю информацию, а только самую главную (≥70%).

(1) _____

_____

_____

(2) _____

_____

(3) _____

_____

Задание 5

Устно переведите текст с китайского языка на русский по предложениям, повторяя каждый раз уже сделанный перевод.

（1）世界旅游日是由世界旅游组织确定的旅游工作者和旅游者的节日。

（2）1970年9月27日，国际官方旅游联盟在于墨西哥城举行的特别代表大会上通过了世界旅游组织章程。

（3）为纪念这个日子，1979年9月，世界旅游组织第三次代表大会正式把9月27日定为世界旅游日。

（4）设立世界旅游日的意义在于发展旅游，促进各国文化、艺术、经济、贸易的交流，增进各国人民之间的相互了解，推动社会进步。

ИЗУЧАЕМ НОВЫЙ МАТЕРИАЛ

Задание 6

1. Изучите схему 1.
2. Послушайте текст на русском языке и отметьте цифрами (1, 2, 3...), в каком порядке диктор называет виды туризма.

Схема 1

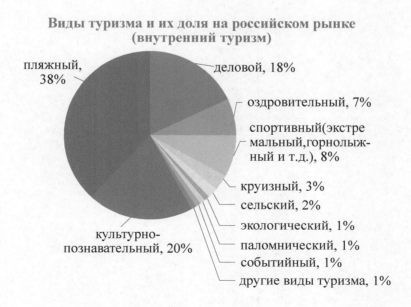

Виды туризма и их доля на российском рынке
(внутренний туризм)

- пляжный, 38%
- деловой, 18%
- оздровительный, 7%
- спортивный(экстремальный,горнолыж-ный и т.д.), 8%
- круизный, 3%
- сельский, 2%
- экологический, 1%
- паломнический, 1%
- событийный, 1%
- другие виды туризма, 1%
- культурно-познавательный, 20%

Задание 7

Пользуясь материалами схемы 1, скажите по-русски, какие виды внутреннего туризма существуют в России, какую долю российского внутреннего туристического рынка занимает каждый из видов туризма.

Образец:

В России существуют следующие виды туризма: пляжный... Пляжный туризм занимает 38 процентов внутреннего туристического рынка России.

Задание 8

Изучите схемы 2 и 3. Пользуясь материалами схем 2 и 3, скажите по-русски, какие виды туризма существуют на китайском туристическом рынке. Если вы не знаете, как называется тот или иной вид туризма по-русски, объясните по-русски, что это за вид туризма, чем он отличается от других видов.

Схема 2

Рыночная структура в сфере онлайн-туризма в Китае (2018 г.)[1]

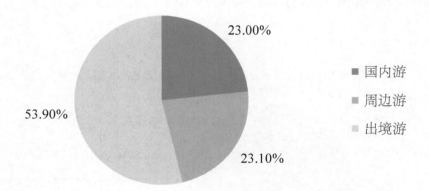

国内游
周边游
出境游

23.00%

23.10%

53.90%

---

1 https://report.iresearch.cn/report_pdf.aspx?id=3476

Схема 3

冰雪旅游	亲子旅游
乡村旅游	工业旅游
蜜月旅游	红色旅游
海岛旅游	夕阳红旅游

Задание 9

Классификации и названия видов туризма в России и Китае отличаются. Сравните названия видов внутреннего туризма в России и в Китае (задания 7 и 8) и скажите по-русски.

(1) Названия каких видов туризма есть на китайских схемах, но они отсутствуют на русской схеме? Объясните по-русски, что это за вид туризма.

Образец:

红色旅游 красный туризм

На китайской схеме есть «красный туризм», но он отсутствует на русской схеме. Красный туризм – это одно из самых популярных направлений внутри Китая. Туристы посещают памятные места, связанные с жизнью коммунистических лидеров и революционным прошлым Китая.

(2) Названия каких видов туризма есть на русской схеме, но они отсутствуют на китайских схемах? Объясните по-китайски, что это за вид туризма.

Образец:

кинотуризм 影视旅游

"影视旅游" 是指将影视片拍摄地作为目的地的旅游。

Задание 10

Что, по-вашему, значат выражения, которые выделены в этом диалоге? Переведите их на китайский язык.

– **Кто бы мог подумать,** что медовый туризм – это отдельный вид туризма?
– **Да вы что?** Никогда бы не подумала. Как давно он появился?

🎧 **Задание 11**

Слушайте фрагмент передачи Радио России «Необычные места для путешествий». Записывайте следующую информацию:

(1) Тема передачи: _____.

(2) Виды туризма, которые есть на туристическом рынке _____
_____.

(3) Название нового направления, которое появилось _____.

Задание 12

Используя свои записи (задание 11), расскажите по-китайски, о чём говорят участники передачи.

САМОСТОЯТЕЛЬНАЯ РАБОТА

🎧 **Задание 13**

Слушайте и пишите диктант. Проверьте себя по ключу.

(1) _____	(12) _____	(23) _____
(2) _____	(13) _____	(24) _____
(3) _____	(14) _____	(25) _____
(4) _____	(15) _____	(26) _____
(5) _____	(16) _____	(27) _____
(6) _____	(17) _____	(28) _____
(7) _____	(18) _____	(29) _____
(8) _____	(19) _____	(30) _____
(9) _____	(20) _____	(31) _____
(10) _____	(21) _____	
(11) _____	(22) _____	

🎧 **Задание 14**

1. Слушайте начало интервью с Генеральным секретарём ЮНВТО и старайтесь понять его содержание. Ничего не записывайте.

Вы можете слушать текст (в том числе и по частям) столько раз, сколько нужно, пока не поймёте его смысл.

Новые слова и выражения

1. ВВП (валовой внутренний продукт или внутренний валовой продукт)   国内生产总值
2. Генеральный секретарь   秘书长
3. интеграция   一体化，整体化
4. пересекать – пересечь *что*   越过，穿过
5. туристический сектор   旅游部门
6. стимулировать *что*   促进；刺激
7. торговля   商业，贸易
8. устойчивый   稳定的，平稳的；坚定的

2. После того как вы поняли содержание фрагмента текста, запишите его перевод по-китайски. Можно делать перевод текста по частям.

_____
_____
_____
_____
_____
_____

3. Проверьте по ключу, насколько полно и правильно вы поняли смысл текста.

🎧 Задание 15

Слушайте фразы из задания 4 (см. ключ) и повторяйте их в паузу. Как правильно выполнять задание, см. в задании 4 урока 1.

🎧 Задание 16

Изучите комментарии к уроку 2. Слушайте словосочетания и пишите каждое из них одним словом. Проверьте себя по ключу. Переведите незнакомые слова на китайский язык.

Образец:

туристическая поездка → турпоездка
велосипедный туризм → велотуризм

(1) _____   (6) _____   (11) _____
(2) _____   (7) _____   (12) _____
(3) _____   (8) _____   (13) _____
(4) _____   (9) _____   (14) _____
(5) _____   (10) _____

Задание 17

Слушайте и пишите слова. Проверьте себя. Найдите толкование значения этих слов на сайте Грамота. ру или в Интернете и выпишите их. Переведите слова и их значение на китайский язык и запишите перевод.

Образец:

авиакомпания → авиационная компания   航空公司

(1) _____   (6) _____   (11) _____
(2) _____   (7) _____   (12) _____
(3) _____   (8) _____   (13) _____
(4) _____   (9) _____
(5) _____   (10) _____

ИЗУЧАЕМ ПЕРЕВОДЧЕСКУЮ СКОРОПИСЬ

口译时速记句子应注意：

1. 整体应遵循从上到下纵向记录的原则。

2. 主语表示新句子的开始，应记录在每一行开始的位置。

3. 谓语应记录在主语的右下方。

4. 除并列定语外，句子的所有次要成分都应垂直记录在它们修饰的词的右侧，从上到下依次排列。

5. 句子的同等成分应垂直记录。

Задание 18

Сравните две записи одного и того же предложения. Обратите внимание на расположение групп подлежащего и сказуемого.

Всемирный день туризма был учреждён Генеральной ассамблеей Всемирной туристской организации в 1979 году в испанском городе Торремолинос.

Всемирный день туризма был учреждён	ГА ЮНВТО в 1979 г. в испанском городе Торремолинос.

Задание 19

Найдите и подчеркните в следующих предложениях подлежащее и сказуемое. Запишите эти предложения вертикально по образцу (см. задание 18) . Проверьте себя по ключу.

(1) В России Всемирный день туризма отмечается с 1983 года.

(2) Китай вступил во Всемирную туристскую организацию в 1983 году.

(3) Каждый год одна из стран ЮНВТО становится председателем её Исполнительного комитета.

(4) Россия была председателем Исполнительного комитета ЮНВТО в 2003 году.

(5) С 11 по 16 сентября 2017 года в китайском городе Чэнду прошла 22-я сессия Генеральной ассамблеи ЮНВТО.

Задание 20

Слушайте и пишите текст, сокращая слова с помощью букв или с помощью аббревиатур (где необходимо). Проверьте себя по ключу. Прочитайте то, что вы записали.

(1) _____
(2) _____
(3) _____
(4) _____
(5) _____

Задание 21

Слушайте словосочетания на русском языке и пишите их аббревиатурой на русском языке. Проверьте себя по ключу.

(1) _____   (5) _____   (9) _____
(2) _____   (6) _____   (10) _____
(3) _____   (7) _____   (11) _____
(4) _____   (8) _____   (12) _____

Задание 22

Слушайте и пишите символами следующие слова. Проверьте себя по ключу.

(1) _____   (7) _____   (13) _____   (19) _____
(2) _____   (8) _____   (14) _____   (20) _____
(3) _____   (9) _____   (15) _____   (21) _____
(4) _____   (10) _____   (16) _____
(5) _____   (11) _____   (17) _____
(6) _____   (12) _____   (18) _____

Задание 23

Прочитайте следующие символы (см. список символов). Выучите их.

(1) ≪ _____

(2) ⬜ _____

(3) ⌡ _____

(4) ⊄° _____

(5) 𝓍 _____

(6) ⊓ _____

(7) ? _____

(8) 50° _____

(9) (x) _____

(10) ⬏ _____

(11) > _____

(12) ─o─ _____

(13) ⚲ _____

(14) < _____

КОММЕНТАРИЙ

在现代俄语中，如果复合词（某）组成部分的词义与其派生的形容词相同，则这一部分被称为类形容词，如тур-(туристический), эко-(экологический)。тур- 和 эко- 是复合词的第一组成部分，可以与后面的词连写在一起，如экологический туризм → экотуризм, туристическая фирма → турфирма, экологическая система → экосистема。

请记住下列类形容词：авиа (авиационный), авто (автомобильный, в некоторых словах – автобусный), вело (велосипедный), мото (на мотоцикле)。

还有一些复合词由外来名词构成，通常借助破折号与后面的词连写在一起。如：бизнес-туризм。有时也可以不使用破折号。如：бизнесмен, бизнесвумен。在口译过程中，译员可以利用这些词缀，根据上下文构词或分析词义。

СЛОВАРЬ УРОКА

беговой 赛跑的
вид (туризма)（旅游）种类
горнолыжный 山地滑雪的
доля 份额
круизный 水上旅游的
кулинарный 烹饪的
культурно-познавательный 文化认知的
мера 大小，规模
наблюдение 观察
направление 目的地

оздоровительный 保健的
паломнический 朝圣（者）的
пляжный (海滩或河滩) 浴场的
подсказывать – подсказать *что кому* 提示
событийный 事件的
стесняться *делать – сделать что* 不好意思做……
экотуризм 生态旅游
экстремальный 极端的

Имена собственные

Мехико 墨西哥城（墨西哥首都）
Северное полушарие 北半球
Южное полушарие 南半球

УРОК 3
Международный туризм

Цели урока

1 Тренировка в употреблении прецизионной лексики (даты)
2 Накопление репродуктивного материала
3 Развитие навыков переводческого аудирования
4 Обучение вертикальной записи главной информации со слуха
5 Развитие навыков свободного говорения с опорой на ключевые слова
6 Подготовка к переводу главной информации текста с опорой на ключевые слова
7 Формирование умения записывать на слух большие цифры (количественные числительные)

ПОВТОРЯЕМ ИЗУЧЕННЫЙ МАТЕРИАЛ

Задание 1

Слушайте даты на русском языке и пишите их цифрами. Проверьте себя по ключу. Прочитайте даты по-русски два раза вслух в быстром темпе.

Когда? / С какого по какое число какого года?

Образец:
с девятого сентября тысяча девятьсот девяносто девятого года по десятое октября две тысячи десятого года → 09.09.1999 – 10.10.2010

(1) _____

(2) _____

(3) _____

(4) _____

(5) _____

Когда? / Какого числа какого года?

Образец:

первого августа тысяча девятьсот семьдесят шестого года → 01.08.1976

(6) _____

(7) _____

(8) _____

Когда? / С какого по какой год?

Образец:

с тысяча шестьсот восемьдесят второго по тысяча семьсот двадцать пятый год → 1682 – 1725

(9) _____

(10) _____

(11) _____

🎧 **Задание 2**

Слушайте числительные на русском языке и пишите их цифрами. Проверьте себя по ключу. Прочитайте числительные по-русски два раза в быстром темпе.

(1) _____

(2) _____

(3) _____

(4) _____

(5) _____

(6) _____

(7) _____

(8) _____

🎧 **Задание 3**

Слушайте названия видов туризма и устно на слух в паузу переводите их. Слушайте правильный ответ. Проверьте себя по ключу.

🎧 Задание 4

Слушайте текст на китайском языке и переводите его устно по предложениям на русский язык, повторяя каждый раз уже сделанный перевод.

> **Новые слова и выражения**
>
> стремительными темпами   飞速地
> шопинг-туризм   购物旅游
> места боевой (воинской) и революционной славы   革命军事圣地

ИЗУЧАЕМ НОВЫЙ МАТЕРИАЛ

🎧 Задание 5

Слушайте словосочетания на китайском языке и их русский эквивалент. Пишите русские эквиваленты. Проверьте себя по ключу.

(1) _____   (11) _____
(2) _____   (12) _____
(3) _____   (13) _____
(4) _____   (14) _____
(5) _____   (15) _____
(6) _____   (16) _____
(7) _____   (17) _____
(8) _____   (18) _____
(9) _____   (19) _____
(10) _____

🎧 Задание 6

1. Слушайте текст на русском языке и пишите в таблицу числительные цифрами, а также к чему они относятся, например: *2018/год*. Главное — записать информацию. Обсудите с преподавателем, что вы записали.

	Цифры	К чему относятся цифры
(1)		
(2)		
(3)		
(4)		
(5)		
(6)		
(7)		
(8)		
(9)		

2. Прослушайте текст ещё раз и исправьте и/или дополните записанную ранее информацию.

🎧 Задание 7

1. Слушайте текст из задания 6 и записывайте информацию вертикально.

1	2

кто
    выступал   где
	кто
	    принимал участие
	    обсуждал что
	                            где

2. Используя свои записи (задания 6 и 7), расскажите по-китайски, о чём шла речь в этом тексте. Попробуйте вспомнить как можно больше деталей.

САМОСТОЯТЕЛЬНАЯ РАБОТА

Задание 8

1. Слушайте текст радиопередачи и старайтесь понять его содержание. Ничего не записывайте. Вы можете слушать текст (в том числе и по частям) столько раз, сколько нужно, пока не поймёте его смысл.

> **Новые слова и выражения**
>
> миф   神话（故事）
> перспективный   富有前景的
> прямой потребитель   直接消费者
> рыбачить   捕鱼（为业）
> специфический   特殊的，独特的
> эколого-этнографический   生态民族学的
> Ассоциация туроператоров   旅游经营者协会
> Нерчинск   涅尔琴斯克（尼布楚）
> декабристы   （复）十二月党人

2. После того как вы поняли содержание фрагмента текста, запишите его перевод по-китайски. Можно делать перевод текста по частям.

_____
_____
_____
_____
_____
_____
_____

3. Проверьте по ключу, насколько полно и правильно вы поняли смысл текста.

🎧 **Задание 9**

1. Прочитайте текст приветствия, которое направил президент России В.В. Путин участникам и гостям церемонии открытия Годов российско-китайского межрегионального сотрудничества 2018 – 2019 гг. Переведите незнакомые слова.

Участникам и гостям церемонии открытия Годов российско-китайского межрегионального сотрудничества

7 февраля 2018 года

Дорогие друзья!
Сердечно приветствую вас по случаю открытия Годов российско-китайского межрегионального сотрудничества.

Отношения между нашими странами динамично развиваются в духе всеобъемлющего партнёрства и стратегического взаимодействия. Двусторонняя повестка дня постоянно расширяется, становится всё более насыщенной.

Сегодня мы даём старт Годам межрегионального сотрудничества. Этот масштабный совместный проект, продолжающий традиционную практику тематических годов, призван укрепить взаимовыгодные связи между субъектами Российской Федерации, провинциями, автономными районами и городами центрального подчинения Китайской Народной Республики. В его рамках на 2018–2019 годы намечены сотни различных мероприятий: инвестиционных презентаций, торговых, промышленных и сельскохозяйственных выставок, конференций, творческих фестивалей, ознакомительных поездок. Кроме того, активные контакты между представителями регионов наших стран ожидаются в ходе Петербургского международного экономического форума, Восточного экономического форума, Российско-Китайской ЭКСПО.

Уверен, что программа Годов позволит реализовать много интересных, перспективных инициатив в различных областях, поможет полнее раскрыть богатый потенциал межрегиональной кооперации, которая является важной составляющей российско-китайского взаимодействия.

От души желаю вам успехов и всего самого доброго.
Владимир Путин

2. Найдите китайские эквиваленты данных ниже словосочетаний и предложений и запишите их. Проверьте себя по ключу.

(1) по случаю открытия Годов российско-китайского межрегионального сотрудничества _____

(2) всеобъемлющее партнёрство и стратегическое взаимодействие

_____

(3) двусторонняя повестка дня постоянно расширяется _____

(4) *Кто/ что* даёт стар*т чему* _____

(5) тематические годы _____

(6) инвестиционные презентации _____

(7) творческие фестивали _____

(8) ознакомительные поездки _____

(9) ЭКСПО[1] _____

(10) реализовать много интересных, перспективных инициатив в различных областях _____

(11) раскрыть богатый потенциал *чего* _____

(12) межрегиональная кооперация _____

3. Слушайте и читайте текст вместе с диктором.

4. Представьте, что вам нужно публично зачитать текст этого приветствия на открытии мероприятия. Прочитайте текст вслух выразительно.

5. Дома выучите наизусть подчёркнутые выражения.

🎧 **Задание 10**

1. Послушайте текст 1 на китайском языке один раз и сделайте записи.

```
┌─────────────────────────────────────────────────┐
│                                                   │
│                                                   │
│                                                   │
│                                                   │
└─────────────────────────────────────────────────┘
```

2. Устно изложите основную информацию текста 1 на русском языке, записывая себя на диктофон. Проверьте себя по ключу.

3. Повторите то же самое для микротекстов 2 – 3.

```
┌─────────────────────────────────────────────────┐
│                                                   │
│                                                   │
│                                                   │
│                                                   │
└─────────────────────────────────────────────────┘
```

---

1 ЭКСПО 一词为中性，但近年来也常被用作阴性。

Задание 11

Найдите китайские эквиваленты русских словосочетаний, данных ниже, и запишите их. Образуйте существительные от глаголов (исключая пример 2) и запишите их.

Образец:

раскрыть потенциал межрегиональной кооперации　开发地方（区域）间合作的潜力

(1) предоставлять – предоставить *что: предоставить услуги, турпродукты*

_____

(2) делать – сделать ставку *на что*

_____

(3) привлекать – привлечь *кого, куда: привлечь туристов в Китай*

_____

(4) продвигать – продвинуть *что, куда: продвигать продукцию фирмы на рынок России*

_____

(5) облегчать – облегчить *что: облегчать визовые формальности / процесс получения визы*

_____

(6) увеличивать – увеличить *что: увеличить въездной поток туристов*

_____

(7) ориентироваться – сориентироваться на *что: ориентироваться на потребности клиента*

_____

(8) соответствовать ожиданиям *кого, чьим*

_____

Задание 12

Слушайте выступление исполнительного директора туристической организации «Мир без границ» на V Российско-китайском туристическом форуме (10 марта 2017 года, Москва). Отмечайте на схеме цифрами (1, 2, 3..., 1а, 2б...), о чём она говорит.

Исполнительный директор туристической организации «Мир без границ» Светлана Пятихатка считает, что, чтобы привлечь туристов из Китая в Россию, нужно следующее:

Хорошая туристическая инфраструктура региона

Клиентоориентированность, то есть ориентация компании на определённую группу потребителей (клиентов)

а) европейский сервис
б) система «всё включено» (all inclusive)
в) система «China Friendly»

Система tax free в России

Уникальный регион и турпродукт, который предоставляет этот регион

Низкие цены на туристические услуги

Облегчение визовых формальностей

а) для туристических групп
б) безвизовый режим

а) реклама не в Интернете:
- реклама на транспорте
- выставки
- щиты с информацией (билборды, афиши, плакаты, неоновая реклама)
- роуд-шоу (передвижная выставка образцов новых товаров какой-либо фирмы)
- издание полиграфической продукции
- реклама на телевидении

б) реклама в Интернете:
- реклама в мобильных приложениях
- реклама в видеороликах
- реклама в социальных сетях
- реклама в email-рассылках

Мероприятия по продвижению турпродукта в Китае

Задание 13

Используя схему задания 12, расскажите по-русски, о чём говорила исполнительный директор туристической организации «Мир без границ». Запишите свой текст на диктофон. Начните своё выступление так:

Чтобы привлечь в Россию туристов из Китая, нужно следующее:
Во-первых,...

Задание 14

1. **Послушайте выступление Светланы Пятихатки ещё раз (задание 12) и добавьте информацию, которой нет на схеме.**
2. **Устно передайте содержание выступления Светланы Пятихатки на китайском языке и запишите его на диктофон.**
3. **Сравните время звучания оригинального текста на русском языке и вашего перевода основного содержания текста на китайский язык. По правилам устного перевода оно должно быть почти одинаковым. При этом темп, в котором вы говорите по-русски и по-китайски, также должен быть почти одинаковым.**

□◁ **Задание 15**

Смотрите рекламу платного телеканала «Russian Travel Guide». Записывайте по-китайски, что предлагает зрителям этот канал. Затем письменно переведите свои записи обратно на русский язык и сравните свой текст с исходным текстом.

Новые слова и выражения

духовные ценности   精神价值
курортный   疗养区的，疗养地的
мегаполис   大都市
многоконфессиональный   多宗教的
рыбалка   钓鱼，捕鱼
среда обитания   居住环境

(1) Посетите _____

(2) Познакомьтесь _____

(3) Полюбуйтесь _____

(4) Познайте _____

(5) Отправьтесь _____

(6) Путешествуйте _____

(7) Побывайте _____

(8) Познакомьтесь _____

(9) Изучайте _____

(10) Откройте _____

(11) Вдохновитесь _____

(12) Прикоснитесь _____

(13) Узнайте _____

(14) Узнайте _____

(15) Получите _____

(16) Путешествуйте _____

КОММЕНТАРИЙ

В口译中国地理名称时，凡是以 -ь 为结尾的城市名称可以按照阳性名词变格。如：Сиань（西安），可以说 в городе Сиань，也可以说 в Сиане。在口译其他的以 -ь 为结尾的地理名称时，最好在名称前面加上类别词，如провинция Фуцзянь（福建省）、горы Хуаншань（黄山），变格时只需变类别词 провинция 和 горы。

ИЗУЧАЕМ ПЕРЕВОДЧЕСКУЮ СКОРОПИСЬ

Задание 16

Изучите правила вертикальной записи предложения (см. урок 2) и объясните, по каким правилам расположен каждый элемент предложения. Объясните, почему в примерах 3 и 4 можно пропустить союз «и».

(1)

С 11 по 16 сентября 2017 года в китайском городе Чэнду прошла 22-я сессия Генеральной ассамблеи ЮНВТО.

22 Ссия ГА ЮНВТО
               пршла
                         11– 16.09.2017
                         в кит грде Чнду

(2)

Всемирный день туризма отмечают сотрудники туристических компаний, музейные работники, руководители и персонал гостиничных комплексов.
Стрднки тур кмпнй мзйн рбтнки рквдтли и прснл   гстнчн кмплксв   отмчт Всмрн день трзма

(3)

Около 1,2 миллиарда человек ежегодно путешествуют и пересекают границы.

Ок. 1,2 млрд члвк
        птшствт
        прскт   грнцы
                    ежгдно

(4)

В последние годы туристический сектор стимулирует экономическое развитие и помогает создавать новые рабочие места.

Трстчск сктр
        стмлрт   экнмчск рзвтие
    пмгт   сздвть нв рбч мста
            в пслдн годы

(5)

Туризм даёт нам знание о культуре, истории, образе жизни людей других стран

Трзм
дает нам
 знне о кльтре
        истри
        обрзе жзни лдй дрг стрн

Задание 17   Изучите правило записи больших цифр.

汉语的计数法常用的计数单位依次为个、十、百、千、万、十万、百万、千万、亿、十亿等。而俄语则以 тысяча（千）、миллион（百万）、миллиард（十亿）等为计数单位。汉语和俄语计数单位最大的区别是汉语中有"万"和"亿"，俄语没有。因此俄语的 миллион 和 миллиард 译成汉语时，需要在万前面加上百、在亿前面加上十构成复合计数单位。请记忆下列计数单位：

10 тысяч 万	100 тысяч 十万	миллион 百万
10 миллионов 千万	100 миллионов 亿	миллиард 十亿

为便于俄汉数字的相互转换，我们设计了以下俄汉、汉俄计数单位转换对应表：

млрд. 十亿	亿	千万	млн. 百万	十万	万	тыс. 千	百	十	个

在口译训练初期，可先在纸上画出该表格，然后把听到的俄语（汉语）数字对应填入表格。在听辨俄语数字时，要把注意力放在听多少个 тысяча, миллион 和 миллиард 上面，同时将所听到的数字记在表格相应的位置；没有具体数字的，应在其对应的位置写上0。比如，当听到 (один) миллиард двести пятьдесят миллионов четыреста пятьдесят шесть тысяч семьсот восемьдесят девять 时，首先在 млрд. 处填上数字1，然后，顺次记录其余数字（见下表）。同理，当听到"十二亿五千零四十五万六千七百八十九"时，也要对应着表格上的汉语计数单位将听到的数字依次填入（见下表）。

млрд. 十亿	亿	千万	млн. 百万	十万	万	тыс. 千	百	十	个
1	2	5	0	4	5	6	7	8	9

随着听辨能力和记录能力的提高，应训练把上表记在脑中，做到在听辨的同时在大脑中绘表并自由转换数字。

🎧 **Задание 18**

Слушайте числительные и с помощью таблицы пишите их цифрами. Проверьте себя по ключу. Прочитайте по-русски вслух то, что вы записали.

（1）

млрд. 十亿	亿	千万	млн. 百万	十万	万	тыс. 千	百	十	个

（2）

млрд. 十亿	亿	千万	млн. 百万	十万	万	тыс. 千	百	十	个

Задание 19

Запишите под диктовку, согласно правилам сокращённой записи слов, следующие словосочетания. Затем прочитайте то, что вы записали. Проверьте себя по ключу.

(1) _____   (12) _____
(2) _____   (13) _____
(3) _____   (14) _____
(4) _____   (15) _____
(5) _____   (16) _____
(6) _____   (17) _____
(7) _____   (18) _____
(8) _____   (19) _____
(9) _____   (20) _____
(10) _____   (21) _____
(11) _____   (22) _____

Задание 20

Запишите смысл данных предложений, используя вертикальную запись, сокращения слов и символы. Затем переведите предложения на китайский язык.

(1) В международной конференции принимают участие представители 20 государств.

(2) Руководитель делегации сообщил о времени проведения переговоров.

(3) Сотрудничество разных стран развивается.

(4) Территория этого государства составляет 61 км^2 (61 квадратных километров).

(5) Цель встречи – начать диалог по вопросам мирового взаимодействия.

(6) По своей территории Россия является крупнейшим государством мира.

(7) В 2017 году границы других государств пересекли 1,2 миллиарда человек.

(8) В обсуждении приняли участие представители всех регионов страны.

(9) Президент дал интервью на телевидении.

СЛОВАРЬ УРОКА

боевой 战斗的
воинский 军事的
глобализация 全球化
гражданский 公民的
ежегодный 每年的
житель 住户，居民
конференция 会议

местный 地方的，当地的
миллиард 十亿
миллион 百万
министр 部长
община 社区，团体
рабочее место 工作岗位
революционный 革命的

свыше *чего* 超过……

статья 项目，科目

секретарь 秘书

стремительный 急速的

сектор 部门

урбанизация 城市化

слава 荣耀

шопинг-туризм 购物旅游

совместно 共同地

экспорт 出口

согласно 按照

Аббревиатуры

ЭКСПО 世博会

Имена собственные

Маскат 马斯喀特（阿曼首都）

Хайнань 海南

Оман 阿曼（亚洲国家）

Поднебесная 中国

УРОК 4

Годы туризма (Китай – Россия)

Цели урока

1 Тренировка в употреблении прецизионной лексики (даты, количественные числительные)
2 Накопление репродуктивного материала
3 Развитие навыков переводческого аудирования
4 Изучение речевого этикета (на материале приветственной речи главы государства на открытии Года туризма)
5 Поиск переводческих эквивалентов (перевод формул этикета, устойчивых словосочетаний, пословиц)
6 Подготовка к переводу главной информации текста с опорой на лексические средства связи

ПОВТОРЯЕМ ИЗУЧЕННЫЙ МАТЕРИАЛ

Задание 1

1. Слушайте даты на русском языке и пишите их цифрами. Проверьте себя по ключу.

(1) _____   (6) _____
(2) _____   (7) _____
(3) _____   (8) _____
(4) _____   (9) _____
(5) _____   (10) _____

2. Прочитайте даты по-русски три раза в быстром темпе, отвечая на вопрос «С какого по какое число какого года?»

Образец:
– С какого по какое число какого года?

– 15.11.2000 – 19.12.2003 (с пятнадцатого ноября двухтысячного года по девятнадцатое декабря две тысячи третьего года).

🎧 Задание 2

Слушайте числительные на русском языке и пишите их цифрами. Проверьте себя по ключу. Прочитайте числительные по-русски два раза в быстром темпе.

(1) _____

(2) _____

(3) _____

(4) _____

(5) _____

(6) _____

🎧 Задание 3

Переводите словосочетания устно на слух в паузу в высоком темпе. Затем слушайте правильный ответ. Проверьте себя по ключу.

🎧 Задание 4

Слушайте предложения на русском языке и записывайте по-китайски смысл каждого из них. Обсудите свои переводы с преподавателем. Каждое предложение будет прочитано только один раз. Вы можете записать не всю информацию, а только самую главную (≥ 70%).

(1) _____

(2) _____

(3) _____

(4) _____

(5) _____

(6) _____

(7) _____

🎧 Задание 5

1. Послушайте текст 1 на китайском языке один раз и сделайте записи.

Текст 1

_____

_____

Текст 2

_____

_____

Текст 3

_____

_____

Текст 4

_____

_____

2. Используя свои записи, расскажите текст 1 по-китайски.

3. Затем, используя свои записи и нужные вам словосочетания (предложения), данные ниже, устно переведите текст на русский язык, повторяя каждый раз уже сделанный перевод.

Новые выражения

① 交流互鉴的重要渠道 важный канал взаимного обмена, взаимопроникновения и взаимосвязи

② 发展经济、增加就业的有效手段 эффективный инструмент развития экономики и увеличения занятости

③ 提高人民生活水平的重要产业 одна из важных отраслей экономики страны, направленная на повышение уровня жизни людей

④ 高度重视 *кто* придаёт большое значение *чему*

⑤ 旅游业对中国经济和就业的综合贡献率已超过…… Общий вклад сферы туризма в китайскую экономику и трудоустройство уже превысил...

⑥ 推动全球旅游业发展 содействие развитию мирового туризма

⑦ 加强国际旅游交流合作 укрепление международного обмена и сотрудничества в области туризма / укрепление международного туристического обмена и сотрудничества

⑧ 以这次会议为契机 *кто* использует нынешнее собрание как возможность для *чего*

⑨ 共同推动全球旅游事业取得更大的发展 совместное содействие достижению еще большего прогресса мировой индустрии туризма

4. Повторите то же самое для текстов 2–4.

ИЗУЧАЕМ НОВЫЙ МАТЕРИАЛ

🎧 **Задание 6**

1. Слушайте приветственную речь президента РФ В.В. Путина и подчёркивайте в тексте этой речи высказывания или фрагменты высказываний, которые, на ваш взгляд, являются сложными для перевода.

Уважаемый председатель Си Цзиньпин!
Дамы и господа! Дорогие друзья!

Искренне рад приветствовать китайских друзей в столице России – в Москве. Ровно три года назад мы с нашим другом господином Си Цзиньпином в этом же зале открывали Год китайского языка в России, а сегодня официально стартует Год китайского туризма в России.

За последние годы российско-китайские связи приобрели характер всеобъемлющего и действительно стратегического партнёрства. Особое место в этом контексте занимают наши гуманитарные связи: они сближают народы, укрепляют доверие между ними, формируют широкую гражданскую и общественную основу межгосударственных отношений. Нами успешно реализованы такие масштабные проекты, как национальные Годы России и Китая, Год русского языка и китайского языков, проведены сотни ярких, запоминающихся мероприятий, вызвавших живой отклик граждан наших стран. Многие из совместных начинаний обрели постоянно действующий формат. Регулярными стали студенческие фестивали, конкурсы на лучшее знание китайского и русского языков, форумы ректоров вузов, кинонедели, молодёжные спортивные игры.

Подчеркну, что Год российского туризма в Китае прошёл весьма успешно. Почти на 50 процентов выросло количество наших туристов в Китае, а гости из Китая стали вторыми по численности среди граждан иностранных государств, посетивших Россию. Кстати, если сравнить... Да, на первом месте у нас Федеративная Республика Германия, но если сравнить численность населения в Германии и в Китае, то ясно, что у нас в туристическом обмене с Китаем ещё очень большие перспективы. Убеждён, что популярность нашей страны у граждан КНР будет расти и дальше.

Для российских туристов китайское направление также одно из самых привлекательных. Китай – страна с многовековой историей, богатейшей культурой, философией. Это уникальные памятники, изысканная кухня и древнее искусство врачевания. Но это в то же время и бурно развивающиеся, отвечающие самым современным требованиям туристические и курортные центры. В 2012 году в Китае побывали 1,3 миллиона российских туристов. Китай стал третьей страной по посещаемости нашими гражданами. И здесь у нас тоже большие резервы.

Нет сомнений, что мероприятия Года китайского туризма будут красочными и интересными, расширят географию взаимных туристических поездок, будут способствовать большему знанию наших граждан друг о друге и будут укреплять наши особые стратегические отношения.

Спасибо.

2. Затем прослушайте выступление президента РФ ещё раз и найдите эквиваленты подчёркнутых вами высказываний (фрагментов высказываний) в китайском переводе выступления президента России. Запишите их. Обсудите свой выбор с преподавателем.

3. Послушайте речь президента России и её перевод ещё раз и запишите по-китайски эквиваленты данных ниже словосочетаний. Обсудите результаты вашей работы с преподавателем.

(1) приветствовать китайских друзей _____

(2) открывать Год китайского языка _____

(3) приобрести характер всеобъемлющего и стратегического партнёрства
_____

(4) занимать особое место _____

(5) укреплять доверие между народами _____

(6) формировать широкую гражданскую и общественную основу
_____

(7) реализовать масштабные проекты _____

(8) провести сотни ярких, запоминающихся мероприятий
_____

(9) вызвать живой отклик граждан _____

(10) обрести постоянно действующий формат _____

(11) отвечать самым современным требованиям _____

(12) расширить географию взаимных туристических поездок
_____

(13) способствовать большему знанию граждан друг о друге
_____

(14) укреплять особые стратегические отношения
_____

Задание 7

1. Найдите в тексте и подчеркните следующие средства организации

связного текста: Искренне рад приветствовать кого..., Подчеркну, что..., Убеждён, что..., Нет сомнений, что..., Ясно, что... Объясните, с какой целью оратор их использует.

Уважаемый ...!
...! ...!

Искренне рад... Ровно три года назад..., а сегодня...

За последние годы российско-китайские связи... Особое место..., так как... Нами успешно реализованы... Многие из совместных начинаний... Регулярными стали...

Подчеркну, что Год российского туризма в Китае... Почти на 50%..., а... Если сравнить..., но если сравнить..., то ясно, что... Убеждён, что популярность...

Для российских туристов... Китай – страна с... Это уникальные памятники... Но в то же время это... В 2012 году... Китай стал третьей... И здесь у нас тоже...

Нет сомнений, что мероприятия Года китайского туризма...

Спасибо.

2. Затем попробуйте, глядя только в текст, восстановить по памяти и рассказать по-китайски, о чём говорил президент РФ. Если вам кажется, что вы забыли какую-то информацию, загляните в текст речи В.В. Путина и допишите в текст, который дан ниже, «ключевое слово», которое поможет вам вспомнить эту информацию.

САМОСТОЯТЕЛЬНАЯ РАБОТА

Задание 8

Обратите внимание на формулы этикета в начале и конце выступления и их перевод. Выучите их наизусть.

Начало выступления	
На русском языке	**На китайском языке**
Уважаемый …! Дамы и господа! Дорогие друзья! Искренне рад приветствовать китайских друзей в столице России – в Москве. 尊敬的……，女士们，先生们，朋友们： 热烈欢迎中国朋友们来到俄罗斯的首都莫斯科。	尊敬的……，女士们，先生们，朋友们： Уважаемый …! Дамы и господа! Дорогие друзья!

Конец выступления	
На русском языке	**На китайском языке**
Нет сомнений, что мероприятия Года китайского туризма будут красочными и интересными, расширят географию взаимных туристических поездок, будут способствовать большему знанию наших граждан друг о друге и будут укреплять наши особые стратегические отношения. Спасибо.	女士们，先生们： 我代表热情好客的中国人民盛情邀请俄罗斯朋友们来中国旅游，欢迎你们到中国做客。 谢谢！ Дамы и господа! Хотел бы от имени гостеприимного китайского народа пригласить российских друзей в Китай. Спасибо за внимание.
我相信，俄罗斯中国旅游年的各项活动必将精彩纷呈，也将扩大两国人民去对方国家旅游的地理范围，增进两国人民之间的相互认识与了解，进一步巩固两国特殊的战略关系。 谢谢！	

Задание 9

Переведите на русский язык следующие китайские пословицы. Обсудите на занятии с преподавателем возможные варианты перевода.

（1）读万卷书，行万里路。 _____

（2）亲仁善邻，国之宝也。 _____

（3）有朋自远方来，不亦乐乎。 _____

Задание 10

Слушайте приветственную речь и её перевод на русский язык. Запишите со слуха русские эквиваленты данных ниже китайских выражений (диктант). Проверьте себя по ключу. Выучите эти выражения и их эквиваленты.

（1）我以主办方以及我个人的名义，欢迎大家参加贸易中心开业典礼。

（2）祝参展人员及嘉宾在展会期间工作顺利！

（3）祝贺本次展览会开幕。

（4）希望我们两所学校携手共进，为加强我们两国人民之间的友好联系和全面合作贡献力量。

（5）借此机会我想邀请各位来宾参观访问我们美丽的城市。

（6）尊敬的主席先生，尊敬的各位来宾，亲爱的朋友们、同行们：大家好！首先，我要感谢你们给了我在本次大会上发言的机会，我发言的主题是《最环保的交通方式》。

（7）中国和俄罗斯都是旅游资源大国，应进一步加深旅游合作，促使更多的本国人民到对方国家旅游。

Задание 11

Выразительно вслед за оратором в паузы повторяйте текст выступления президента РФ (задание 6) по-русски, стараясь не смотреть в текст.

ИЗУЧАЕМ ПЕРЕВОДЧЕСКУЮ СКОРОПИСЬ

Задание 12

Найдите и запишите значение следующих символов (см. список символов).

(1) ←	______________	(10) →↓	______________
(2) ↑	______________	(11) ↓	______________
(3) O^3	______________	(12) □⃝	______________
(4) ×	______________	(13) ↦	______________
(5) ор⃝	______________	(14) ♂	______________
(6) ◟	______________	(15) –о–^{2}	______________
(7) –о–	______________	(16) <	______________
(8) <u>првт</u>	______________	(17) <u>знчние</u>	______________
(9) ш⃝	______________	(18) ╧	______________

Задание 13

Прочитайте символы. Проверьте себя по ключу.

(1) >	(3) ←	(5) ×	(7) 〰	(9) □⃝
(2) ↳	(4) ↓	(6) ДА	(8) ш⃝	(10) <

Задание 14

Изучите правило.

垂直记录单部句时，除 "必须"（необходимости, необходимо）、"应该"（следует）、"需要"（нужно）等的单部句外，最好将单部句变成双部句，将被动句变成主动句。用一种言语表达替换另一种言语表达的方法被称为转换法。使用转换法的目的是缩短文章篇幅，增加符号的使用率。

Задание 15

Запишите вертикально следующие предложения, сокращая слова и используя известные вам переводческие символы.

(1) Искренне рад приветствовать китайских друзей в Москве.

(2) Нами успешно реализованы следующие масштабные проекты: национальные Годы России и Китая, Год русского языка и китайского языков, проведены сотни ярких, запоминающихся мероприятий.

(3) Следует сравнить количество туристов, приезжающих в Россию из разных стран.

(4) Необходимо укреплять сотрудничество наших стран.

(5) По количеству иностранных туристов в России на первом месте Федеративная Республика Германия.

(6) В туристическом обмене с Китаем у нас ещё очень большие перспективы.

(7) Народу нашей страны предстоит решить многие важные задачи.

КОММЕНТАРИЙ

讲话稿是在较为隆重的仪式上或某些公众场合发表的讲话的文稿。如：开幕词、闭幕词、会议报告、纪念性讲话。每个国家在发言稿的写作上都有自己的特点和规则，但在语言的使用上都力求做到准确、精练、生动形象、通俗易懂、深入浅出，把抽象的道理和概念具体化、形象化，让听众听得明白。

训练翻译讲话稿或同类性质的公文时，可以对比两个国家领导人相同主题的讲话稿，熟记礼仪用语的措辞表达，同时在两种语言中寻找某些表达法的等值翻译。

СЛОВАРЬ УРОКА

больший 较大的，更大的
бурно 飞速地，蓬勃地
весьма 很，十分，非常
взаимный 互相的
врачевание 医治，治疗
господин (ед.ч.), господа (мн.ч.) 先生（们）
доверие 信任，信赖
изысканный 极精致的
кинонеделя 电影周
красочный 精彩的
курортный 疗养区（地）的
межгосударственный 国家间的
многовековой 存在很多世纪的
начинание 创举；倡议开展的活动
обретать – обрести *что* 获得，得到
партнёрство 伙伴关系
побывать *где* 到（许多地方）去，游历（许多地方）
популярность 受欢迎程度；声望

посещаемость 来访人数，参观人数
приветствовать – поприветствовать *кого, что* 欢迎
реализовывать – реализовать *что* 实施，落实
регулярный 定期的，经常性的
резерв 储备
сближать – сблизить *кого с кем* 使关系密切，使亲近
совместный 共同的，协同的
стратегический 战略上的
кто убеждён *в чем* 谁相信……
укреплять – укрепить *что* 加强，巩固
успешно 有效地，有成就地
федеративный 联邦的
формат 范式
формировать – сформировать *что* 使形成
форум 论坛
численность 人数

Аббревиатуры

ФРГ (/фэ-эр-гэ/) – Федеративная республика Германия 德意志联邦共和国

Имена собственные

«Подмосковные вечера»《莫斯科郊外的晚上》

ТЕМА 2

2

Путешествие по России и Китаю

Куда поехать в России и Китае?

Цели урока

1 Тренировка в употреблении прецизионной лексики (даты; количественные, числительные, географические названия, названия природных и культурных объектов)
2 Накопление репродуктивного материала
3 Развитие навыков переводческого аудирования
4 Обучение компрессии текста (микрореферирование на иностранном языке со зрительной опорой на текст)
5 Поиск переводческих эквивалентов (перевод пословиц)
6 Развитие навыков свободного говорения с опорой на ключевые слова

ПОВТОРЯЕМ ИЗУЧЕННЫЙ МАТЕРИАЛ

Задание 1

Слушайте числительные на русском языке и пишите их цифрами. Можете использовать для записи цифр скоропись (см. урок 3, задание 17). Проверьте себя по ключу. Прочитайте числительные по-русски три раза вслух в быстром темпе.

	млрд. 十亿	亿	千万	млн. 百万	十万	万	тыс. 千	百	十	个
(1)										
(2)										
(3)										
(4)										
(5)										

续表

	млрд. 十亿	亿	千万	млн. 百万	十万	万	тыс. 千	百	十	个
(6)										
(7)										
(8)										
(9)										
(10)										
(11)										
(12)										

🎧 **Задание 2**

Переведите словосочетания устно на слух в паузу в высоком темпе. Затем слушайте правильный ответ. Проверьте себя по ключу.

🎧 **Задание 3**

Слушайте предложения по-русски один раз и пишите перевод по-китайски. Обсудите свои переводы с преподавателем.

(1) _____
(2) _____
(3) _____
(4) _____
(5) _____
(6) _____
(7) _____
(8) _____

Задание 4

Переведите устно предложения с китайского языка на русский, повторяя каждый раз уже сделанный перевод.

（1）应该比较一下去俄罗斯旅游的世界各国游客的人数。

（2）衷心欢迎俄罗斯朋友们来北京。

（3）与中国的旅游交流前景广阔。

（4）我们一致决定，把扩大各领域的合作作为我们两国关系未来发展的重点。

（5）俄罗斯是旅游大国，古老的文明和灿烂的文化在世界上独树一帜。

（6）目前，与中国开展旅游合作在俄罗斯非常有前景。

ИЗУЧАЕМ НОВЫЙ МАТЕРИАЛ

Задание 5

Прочитайте по-русски вслух числительные (обыкновенные дроби) три раза.

(1) 1/2, 1/3, 1/4, 1/5, 1/6, 1/7, 1/8, 1/9, 1/10, 1/12
(2) 2/3, 3/4, 3/5, 3/7, 3/8, 3/10, 2/5, 2/7
(3) 4/5, 4/7, 4/9, 7/8, 7/9, 7/10, 3/100, 1/1000, 2/1000

Задание 6

Слушайте репортажи программы «Путешествие с удовольствием» на «Дорожном радио» России и отмечайте цифрами (1, 2, 3, 4...) на карте России названия городов и регионов. Если одно и то же место упоминается несколько раз, отмечайте его каждый раз новой цифрой.

Задание 7 **Заполните таблицу.**

1. Пользуясь материалами задания 6, впишите в таблицу географические названия (города, регионы).

2. Послушайте репортажи программы «Путешествие с удовольствием» на «Дорожном радио» России ещё раз и впишите в таблицу:

– в каких городах (регионах) можно увидеть: белые ночи, северное сияние;

– где можно посетить биосферный заповедник и парк водопадов «Менделиха»;

– где находятся курорты «Роза Хутор (玫瑰庄园)», «Горки Город (山地城)», Красная Поляна (红色波良纳);

– где можно увидеть кристально чистый лёд.

3. Впишите в таблицу названия вида (видов) туризма, о которых, по вашему мнению, говорится в каждом репортаже. Устно объясните по-русски, почему вы решили, что в том или ином городе (регионе)

развивается этот вид туризма.

Репортаж	Номер	Город, посёлок или регион	Объект природного наследия; курорт	Вид туризма, о котором идет речь в тексте
Репортаж 1	(1)			
	(2)			
	(3)			
	(4)			
Репортаж 2	(5)			
	(6)			
	(7)			
	(8)			
	(9)			
	(10)			
Репортаж 3	(11)			
	(12)			
	(13)			
	(14)			
	(15)			
	(16)			
	(17)			
Репортаж 4	(18)			
Репортаж 5				

Задание 8

Прочитайте тексты про себя, переведите незнакомые слова, затем

запишите по-китайски как можно короче (одно-два предложения), о чём идёт речь в каждом тексте. Постарайтесь при этом сохранить как можно больше информации исходного текста.

> **Обратите внимание!**
>
> 在口译训练中，简述练习（Микрореферирование）是必不可少的训练项目之一。
>
> 简述练习是指用源语读完（或跟读完）一段信息后，根据大脑的记忆把刚读过的（或跟读过的）信息用同一种语言简要地叙述出来。在这一过程中，应明确信息主题，分清关键信息和辅助信息，明确各信息间的逻辑关系，最后逻辑分明地将信息重新组合，归纳出原文的主要内容。
>
> 简述练习旨在训练短时记忆力，逻辑分析能力，抓住信息主题、关键词和核心信息的能力以及语言再编码的能力。

Текст 1

Природа дарит нам множество чудес. Чтобы ими насладиться, надо только оказаться в нужное время в нужном месте. Рейтинг таких нерукотворных явлений, составленный одной из российских туристических компаний, мы вам и предлагаем. Люди бесконечно долго готовы наслаждаться белыми ночами в Санкт-Петербурге, но те, правда, длятся всего месяц. Также не могут туристы никак насмотреться на красоту ледяного Байкала, кристально чистый лёд которого так любят фотографы. Ну и, конечно же, северное сияние, которое у нас можно увидеть в Карелии и Мурманской области.

Текст 2

Уже дней десять как на Дальнем Востоке идёт гастрономический фестиваль «На гребне!». С начала месяца и до 16 июля рестораны нескольких приморских городов угощают гурманов дальневосточным гребешком, причём свежим, сервируемым прямо тут же из аквариума. Блюдо предлагают по специальной цене – 300 рублей за сет из трёх гребешков. Фестиваль проводится впервые и охватывает десятки ресторанов во Владивостоке, Хабаровске, Южно-Сахалинске и Петропавловске-Камчатском. Об этом рассказали в туристско-информационном центре Приморского края. Организаторы надеются, что фестиваль «На гребне!» получит массу положительных отзывов как у местных жителей, так и у гостей региона.

Текст 3

Перед окончанием лета туристов уже тянет строить планы на Новый год. Руководствуясь пословицей о подготовке саней[1], наши соотечественники уже активно бронируют туры на декабрь-январь. Самыми популярными направлениями у российских туристов на период с 30 декабря по 8 января являются Сочи(Россия), Индия и Италия. Более трети перелётов россияне совершат в пределах России, и тут многие отправятся встречать очередной год в Сочи. Гораздо меньше, но это только на данный момент, улетят в Индию. На неё приходится 5% от всех продаж авиабилетов с вылетом на новогодние каникулы. Затем в предпочтениях Италия и Таиланд.

Задание 9

1. О какой пословице идёт речь в тексте 3 (задание 8)? Что она означает?
2. Почему автор репортажа использовал её в самом начале? Нужно ли переводчику при устном переводе текста 3 запомнить (записать) эту пословицу? Нужно ли использовать при переводе китайский эквивалент этой пословицы? Аргументируйте свое мнение.
3. Предложите свои варианты перевода фрагмента текста, который содержит пословицу, на китайский язык и обсудите их с преподавателем.

Задание 10

1. Ниже дано краткое изложение на русском языке содержания текстов из задания 8. Скажите, чем отличаются короткие тексты 1, 2, 3 в задании 10 от исходных текстов 1, 2, 3 в задании 8. Аргументируйте свое мнение. Для сравнения используйте вопросы, которые даны ниже.

Текст 1

Мы предлагаем вам увидеть самые красивые природные явления России. Это белые ночи в Петербурге, озеро Байкал зимой и северное сияние в Карелии или недалеко от Мурманска.

Текст 2

В нескольких городах Дальнего Востока продолжается гастрономический фестиваль, где можно попробовать блюдо из свежего морского гребешка. Фестиваль проводят с целью развития туризма в регионе.

---

1 俄语中有一句谚语：Готовь сани летом, а телегу зимой。这句谚语的意思是未雨绸缪。

Текст 3

Перед окончанием лета российские туристы уже активно бронируют новогодние туры. Самым популярным направлением на период с 30 декабря по 8 января является Сочи, куда в это время летит треть туристов. Затем идут Индия, Италия и Таиланд.

(1) Количество слов в тексте не изменилось, стало меньше или стало больше?

(2) Информация сохранена вся, почти вся или количество информации сильно сокращено?

(3) Есть ли информация, которой не было в исходном тексте?

(4) Порядок изложения информации (последовательность, логика изложения мыслей) изменился или нет?

(5) Количество предложений изменилось или нет?

(6) Синтаксическая структура предложений изменилась или нет? Изменило ли это текст? Если изменило, то каким образом?

(7) Синонимы, а также слова или словосочетания, близкие по смыслу, использованы или нет? Если использованы, то какие и с какой целью? Как они изменили текст?

(8) В результате сделанных изменений смысл текста не изменился, почти не изменился, частично изменился или сильно изменился?

(9) Экспрессивность (выразительность) не изменилась, стала больше или стала меньше?

(10) Цель сообщения (зачем написан текст) изменилась или нет?

(11) Допустимо ли, на ваш взгляд, такое изменение текста? Аргументируйте свой ответ.

(12) Что, по вашему мнению, сделано неудачно? Если что-то сделано неудачно, предложите свой вариант.

2. Сравните короткие тесты из задания 10 и короткие тексты на китайском языке, которые вы записали. Есть ли в них отличия? В чём они заключаются?

Задание 11

Сравните два варианта краткого изложения содержания текстов 1 и 2. Чем они отличаются? Для сравнения используйте вопросы из задания 10.

Текст 1

Туристическая индустрия поддерживает отечественного фермера. А выглядит такая поддержка в виде круиза, гости которого приглашаются на экофермы и многочисленные дегустации. Так называемый «Фермерский круиз» состоится в самый разгар сбора урожая, с 11 по 27 сентября. Начинаться и заканчиваться путешествие будет в Москве, трёхпалубный туристический теплоход «Солнечный город» побывает в Твери, Мышкине, Костроме, Плёсе, Ярославле и Калязине.

Гости круиза увидят множество фермерских хозяйств и агрокомплексов, попробуют их продукцию и поучаствуют в развлекательных программах. Туристам обещают только здоровые и натуральные продукты в каждой точке маршрута.

Текст 1а

Чтобы поддержать российских фермеров, с 22 по 27 сентября будет организован речной круиз по городам России. Для туристов организуют дегустацию продукции фермеров и развлекательную программу. Круиз начинается и заканчивается в Москве.

Текст 1б

Если вы хотите поддержать российских фермеров и прекрасно провести время, с 22 по 27 сентября приглашаем всех на речной круиз по городам России! Круиз начинается и заканчивается в Москве. Во время тура вас ждут дегустация продукции фермеров, развлекательные программы, только здоровые и натуральные продукты! Мы обещаем гостям круиза незабываемое путешествие!

Текст 2

Около двух десятков экологических маршрутов создали для сочинских туристов в Кавказском биосферном заповеднике. Допустим, как рассказал глава Сочи Анатолий Пахомов, к нынешнему летнему сезону на территории курорта «Роза Хутор» открыли природный парк водопадов «Менделиха». Здесь же на курорте создали велотрассы среднего уровня сложности протяжённостью от 2 до 3 км. На курорте «Горки Город» теперь есть пешие экомаршруты для путешествий по труднодоступным местам в горах Красной Поляны. Они расположены на высоте от 960 до 2200 м над уровнем моря. А к началу грядущего зимнего курортного сезона готовятся к открытию ещё три новых маршрута.

Текст 2а

Около двух десятков экологических маршрутов создали для туристов в Кавказском биосферном заповеднике. К лету на курорте «Роза Хутор» открыли природный парк водопадов. Здесь также создали велотрассы среднего уровня сложности длиной от 2 до 3 км. На курорте «Горки Город» теперь есть пешие экомаршруты для путешествий в горах Красной Поляны. Они находятся на высоте 960 – 2200 м (девятьсот шестьдесят – две тысячи двести метров) над морем. К началу зимнего сезона готовятся к открытию три новых маршрута.

Текст 2б

В Кавказском биосферном заповеднике создали почти двадцать экомаршрутов для туристов. Среди них пешие экомаршруты по горам Красной Поляны на курорте «Горки Город», а также природный парк водопадов и не очень трудные велотрассы на курорте «Роза Хутор». К зиме откроют три новых маршрута.

САМОСТОЯТЕЛЬНАЯ РАБОТА

🎥 Задание 12

1. **Слушайте небольшие рекламные ролики (тизеры) к фильмам телеканала Russian Travel Guide.**
2. **Записывайте, о каких местах и о каком виде туризма идёт речь. Проверьте себя по ключу.**
3. **Найдите эти места на карте России.**
4. **Выразительно читайте тексты (см. ключ) вместе с диктором.**
5. **Выберите один текст и письменно переведите его на китайский язык для китайских телезрителей. Попробуйте сохранить экспрессивность (выразительность) исходного текста.**
6. **Прочитайте свой перевод вслух, записывая его на диктофон. Затем сравните время звучания оригинального текста на русском языке и вашего перевода на китайский язык. По правилам устного перевода оно должно быть почти одинаковым. При этом темп, в котором вы говорите по-русски и по-китайски, также должен быть почти одинаковым.**
7. **Отредактируйте свой перевод.**
8. **Смотрите выбранный вами рекламный ролик, выключив звук, и «озвучивайте» его по-китайски. Читайте выразительно.**

🎥 Задание 13

1. **Слушайте текст о Петергофе и старайтесь понять его содержание. Ничего не записывайте. Вы можете слушать текст (в том числе и по частям) столько раз, сколько нужно, пока не поймёте его смысл.**

Новые слова и выражения

① европейский 欧洲的
② замысел 意图，打算
③ император 皇帝
④ кидать – кинуть якорь 抛锚；住下，暂住
⑤ Петергоф 彼得戈夫
⑥ Питербурх 圣彼得堡（旧时的写法）
⑦ путевой журнал 旅行日记
⑧ резиденция 官邸；离宫
⑨ триумфальный 凯旋的，胜利的
⑩ упоминаться *где* 谈及，提及
⑪ шнява «Мункер» 18世纪初期俄国的轻型战船（用于勘探、侦察，装有14—18个小口径大炮）。

2. После того как вы поняли содержание текста, запишите его перевод по-китайски. Можно делать перевод текста по частям.

3. Проверьте по ключу, насколько полно и правильно вы поняли смысл текста.

_____

_____

_____

_____

_____

_____

_____

_____

_____

_____

_____

🎧 **Задание 14**

1. Быстро просмотрите текст «Девственные леса Коми» и подчеркните слова, которые вам кажутся сложными для произношения. Переведите незнакомые слова.

Новые слова и выражения

❶ Объект Всемирного наследия   世界遗产
❷ Девственные леса Коми   科米原始森林
❸ «Югыд Ва» (в переводе с коми «светлая вода»)   清澈的水
❹ Плато Маньпупунёр (или Столбы выветривания, мансийские болваны)   曼普普纳岩石群（在俄语中又称风化石柱、曼西石柱，位于俄罗斯科米共和国的地质遗迹）

Девственные леса Коми

Девственные леса Коми – первый российский охраняемый природный объект ЮНЕСКО. В список Всемирного наследия природный комплекс включили в 1995 году. Леса находятся в северной части Уральских гор. Это самые большие нетронутые леса в Европе. Девственные леса Коми – единственное место, где леса сохранили первозданный вид. Они занимают территорию 32 600 км^2 (квадратных километров). Для того чтобы их посетить, необходимо добраться до нацпарка «Югыд Ва». На территорию многих мест в заповеднике можно добраться только на лодке, лыжах, снегоходе или лошади. В Девственных лесах Коми обитают редкие животные и птицы. Некоторые из них занесены в Красную книгу.

Всемирное наследие России обладает уникальными памятниками природы – каменными столбами выветривания (плато Маньпупунёр). О них местные народы сложили немало легенд. Каменные столбы занимают почётное место одного из победителей проекта «7 чудес России».

2. Слушайте и читайте текст вместе с диктором.

3. Слушайте текст и повторяйте в паузу за диктором. Старайтесь не смотреть в текст.

4. Как можно короче устно передайте по-китайски содержание текста, записывая себя при этом на диктофон.

5. Прослушайте свою запись и сравните её с исходным текстом на русском языке. Если вы пропустили какую-то, по вашему мнению, важную информацию, ещё раз кратко устно передайте содержание текста по-китайски, записывая себя на диктофон.

Задание 15

1. Переведите названия объектов всемирного наследия ЮНЕСКО в России на китайский язык и впишите их в таблицу. Проверьте себя по ключу.

Номер	Названия объектов всемирного наследия ЮНЕСКО в России	Перевод на китайский язык
(1)	Исторический центр Санкт-Петербурга и связанные с ним группы памятников	
(2)	Кижи; Кижский погост	
(3)	Московский Кремль и Красная Площадь	
(4)	Белокаменные памятники Владимира и Суздаля	
(5)	Историко-культурный комплекс Соловецких островов	
(6)	Исторические памятники Великого Новгорода и окрестностей	
(7)	Архитектурный ансамбль Троице – Сергиевой лавры в городе Сергиев Посад	
(8)	Церковь Вознесения в Коломенском (Москва)	

续表

Номер	Названия объектов всемирного наследия ЮНЕСКО в России	Перевод на китайский язык
(9)	Девственные леса Коми	
(10)	Вулканы Камчатки	
(11)	Озеро Байкал	
(12)	«Золотые горы Алтая»	
(13)	Западный Кавказ	
(14)	Ансамбль Ферапонтова монастыря	
(15)	Историко-архитектурный комплекс Казанского Кремля	
(16)	Куршская коса	
(17)	Центральный Сихотэ-Алинь; Сихотэ-Алинский государственный природный биосферный заповедник	
(18)	Государственный природный биосферный заповедник «Убсунурская котловина»	
(19)	Цитадель, Старый город и крепостные сооружения Дербента	
(20)	Ансамбль Новодевичьего монастыря (Москва)	
(21)	Природный комплекс заповедника Остров Врангеля	
(22)	Геодезическая дуга Струве	
(23)	Исторический центр Ярославля	
(24)	Плато Путорана	
(25)	Природный парк «Ленские столбы»	
(26)	Храмы Псковской архитектурной школы	
(27)	Архитектурно-исторический комплекс «Булгар» (Болгарский историко-археологический комплекс)	
(28)	Свияжский Успенский монастырь и Успенский собор	
(29)	Ландшафты Даурии	

2. Найдите и отметьте объекты всемирного наследия ЮНЕСКО на карте России в Интернете.

Задание 16

Выберите один из объектов всемирного наследия ЮНЕСКО в России (см. задание 15). Прочитайте в Интернете информацию о нём и подготовьте краткий рассказ (время звучания 2-5 мин.) и презентацию (ppt, 5-6 слайдов) об этом объекте на китайском языке для китайских слушателей по следующему плану.

План:
(1) Название.
(2) Где находится.
(3) Чем интересен.
(4) Какие программы и услуги для туристов предлагает.

Задание 17

Замените слова и словосочетания близкими по смыслу или описательными оборотами на русском языке, запишите их. Проверьте себя по ключу.

(1) нерукотворные (явления) _____
(2) (туристическая) компания _____
(3) бесконечно (долго) _____
(4) наслаждаться (красотой) _____
(5) (белые ночи) длятся всего (месяц) _____
(6) кристально (чистый лёд) _____
(7) гастрономический (фестиваль) _____
(8) приморский (город) _____
(9) гурман _____
(10) масса (положительных отзывов) _____
(11) местные жители _____
(12) гости региона _____
(13) иностранные туристы _____
(14) речной круиз _____
(15) в разгар (сбора урожая) _____
(16) (в каждой) точке (маршрута) _____

(17) (туристы) отдают предпочтение (Италии)/ (у туристов) в предпочтениях
(Италия) _____

(18) период с 30 декабря по 8 января _____

(19) (совершить) перелёт в пределах (России) _____

(20) отправиться встречать (Новый год в Сочи) _____

(21) на данный момент _____

(22) глава города _____

(23) нынешний (курортный сезон) _____

(24) грядущий (курортный сезон) _____

ИЗУЧАЕМ ПЕРЕВОДЧЕСКУЮ СКОРОПИСЬ

Задание 18

Изучите некоторые принятые в России сокращения.

Слово (словосочетание)	Сокращение
курорт	кур.
пословица	псл.
так называемый	т.н., т.наз. или так.наз.
авиабилет, билет на самолет	а/билет или а/б
точка	т. или тчк
отечественный	отеч.
специальный	спец.
территория	терр.
уровень	ур.
уровень моря	ур. м.

Задание 19

Слушайте словосочетания (фразы) на русском языке и пишите их, используя правила сокращённой записи слов. Цифры и единицы измерения записывайте так, как принято (15 км, 20% и т.п.).

Прочитайте то, что вы записали. Проверьте, использовали ли вы общепринятые сокращения типа г-н, хим. и др.

(1) _____   (18) _____

(2) _____   (19) _____

(3) _____   (20) _____

(4) _____   (21) _____

(5) _____   (22) _____

(6) _____   (23) _____

(7) _____   (24) _____

(8) _____   (25) _____

(9) _____   (26) _____

(10) _____   (27) _____

(11) _____   (28) _____

(12) _____   (29) _____

(13) _____   (30) _____

(14) _____   (31) _____

(15) _____   (32) _____

(16) _____   (33) _____

(17) _____

Задание 20

Найдите символы в списке символов в конце учебника и впишите их в таблицу.

1. видеть, смотреть; глаза _____

2. много _____

3. северное (полярное) сияние _____

4. начать, открыть, начало, открытие _____

5. закончить, закрыть, конец, закрытие _____

6. предлагать _____

Задание 21

Познакомьтесь с модальными символами d и m и правилами их использования.

在俄语口译笔记中，字母 d 表示"必须"（necessity，源自法语单词 devoir 的第一个字母）；字母 m 表示"可能"（возможность，源自德语单词 möglichkeit 的第一个字母），表示消息文本对客观现实的态度。

Символ	Модальное значение	Слова, которые можно заменить символом
d	долженствование	*кому* надо, нужно / необходимо / следует / предстоит / желательно / есть смысл и т.п. (делать – сделать *что*); *кто* должен / обязан, (делать – сделать *что*), (не) годится (в знач. «не следует»), надлежит, подобает делать – сделать *что*
m	возможность	*кто* может / имеет возможность *делать – сделать что*; *кому* можно / нельзя *делать – сделать что*

Задание 22

Запишите вертикально, сокращая слова и используя все известные вам символы, следующие предложения. Проверьте, использовали ли вы символы необходимости (d) и возможности (m). Поместили ли вы их на первое место в своей записи?

(1) Северное сияние надо смотреть в Мурманске.

(2) Следует обязательно съездить в Восточную Сибирь и посмотреть озеро Байкал.

(3) Необходимо добраться до нацпарка «Югыд Ва» и посетить Девственные леса Коми.

(4) На территорию многих мест в заповеднике можно добраться только на лодке, лыжах, снегоходе или лошади.

(5) На территории курорта «Роза Хутор» в Сочи туристы имеют возможность посетить природный парк водопадов «Менделиха».

(6) К началу зимнего курортного сезона могут быть открыты ещё три новых маршрута.

(7) Китай может предложить туристу всё многообразие отдыха.

(8) В конце мая на южных курортах Китая можно попасть в сезон дождей.

(1)	(2)
(3)	(4)
(5)	(6)
(7)	(8)

КОММЕНТАРИИ

1. 真分数（Обыкновенные дроби）的读法

真分数由两部分组成：第一部分是分子（числитель），俄语中用数量数词表示；第二部分是分母（знаменатель），俄语中用顺序数词表示，如6/10（шесть десятых），数字 6 是分子，数字 10 是分母。俄语真分数的读法：先读分子，后读分母。需要注意的是：（1）真分数变格时，分子按照数量数词变格法变化，分母按照顺序数词变格法变化，真分数的第一格形式与第二格、第四格形式相同。（2）在口语中，某些真分数还有另外一种表达法，如1/2 – половина, пол, 3/2 – полтора, 1/3 – треть, 1/4 – четверть。

2. 在将各类数字译成俄语时，译员应把握的原则

译员应尽可能将各类数字准确地翻译成俄语。但是，在不得已的情况下或者根据语境的需要，也可将各类数字模糊处理（如：使用 приблизительно, почти, примерно, почитай, до, за, под, около, слишком / очень / чрезвычайно + 不定量数词，数词 + с лишним，词序倒置）或用数字的第一格替代其他格。

СЛОВАРЬ УРОКА

агрокомплекс 农业综合体
аквариум (养殖水生动植物的) 缸
велотрасса 自行车道
водопад 瀑布
вылет 飞出；起飞
гастрономический 美食的
гребень 脊
гребешок 扇贝
грядущий 将来的，未来的
гурман 美食家
дегустация 品尝
заповедник 自然保护区
кристальный 晶莹的，清澈的
ледяной 冰 (封) 的
маршрут 线路
наслаждаться – насладиться *чем* 享受，欣赏
насмотреться *на что (сов.в.)* 看够，观赏够
натуральный 天然的
нерукотворный 非人手所能造的
отзыв 反馈
очередной 按一定顺序进行的

пеший 步行的，徒步的
предел (地域的) 疆界
предпочтение 喜好
приходиться: *на кого / что приходится что*
该得到，应分到 (多少)
продажа 出售
протяжённость 长度
развлекательный 娱乐性的
разгар 高潮；最紧张的时期
сбор 收集，采集
сервировать *что* 摆上餐具，摆桌
сет 套餐
сияние 光轮，光环
сочинский 索契的
специальный 专门的
трёхпалубный 有三层甲板的
труднодоступный 难以达到的
тянуть *кого делать / сделать что* 想做什么
уровень 程度
фермерский 农场的
экоферма 生态农场

Аббревиатуры

ТАСС /тасс/ (*неизм., м.р.*) – Телеграфное агентство Советского Союза (до 1992)

Имена собственные

Калязин 卡利亚津
Карелия 卡累利阿
Кострома 科斯特罗马
Мурманск 摩尔曼斯克 (城市)
Мурманская область 摩尔曼斯克州
Мышкин 梅什金
Петропавловск-Камчатский 堪察加彼得罗巴
甫洛夫斯克

Плёс 普廖斯
Приморский край 滨海边疆区
Сочи (*неизм.*) 索契
Таиланд 泰国
Тверь (*ж.р.*) 特维尔
Хабаровск 哈巴罗夫斯克 (伯力)
Южно-Сахалинск 南萨哈林斯克
Ярославль (*м.р.*) 雅罗斯拉夫尔

Куда поехать в Китае и России?

Цели урока

1 Тренировка в употреблении прецизионной лексики (обыкновенные и десятичные дроби, географические названия, названия природных и культурных объектов)
2 Обучение выбору стратегии перевода текста с иностранного языка на родной в заданный отрезок времени и с сохранением темпа речи, близкого к исходному тексту
3 Развитие кратковременной памяти (упражнение на визуализацию)
4 Обучение компрессии текста (микрореферирование на родном языке со зрительной опорой на текст и последующим переводом)
5 Обучение пересказу информации прослушанного текста с опорой на ключевые слова на исходном языке (на переводческом языке)
6 Обучение выделению и записи различных видов ключевых слов на слух при аудировании текстов
7 Развитие навыков переводческого аудирования, накопление репродуктивного материала, поиск переводческих эквивалентов

ПОВТОРЯЕМ ИЗУЧЕННЫЙ МАТЕРИАЛ

Задание 1

Слушайте и пишите числительные (обыкновенные дроби). Проверьте себя по ключу. Затем прочитайте дроби три раза вслух.

(1) _____

(2) _____

(3) _____

(4) _____

(5) _____

(6) _____

(7) _____

(8) _____

🎧 **Задание 2** Переведите устно на слух в паузу прецизионные слова.

1. с русского языка на китайский
2. с китайского языка на русский
3. с русского языка на китайский
4. с китайского языка на русский

Задание 3

Работаем в парах. Один студент называет места в России (города, регионы и т.п.). Второй показывает их на карте.

(1) Белые ночи
(2) Владивосток
(3) Дальний Восток
(4) Калязин
(5) Карелия
(6) Кострома
(7) Москва
(8) Мурманская область
(9) Мышкин
(10) озеро Байкал

(11) Петропавловск
(12) Камчатский
(13) Плёс
(14) Приморский край
(15) Санкт-Петербург
(16) Сочи
(17) Южно-Сахалинск
(18) Ярославль
(19) Санкт-Петербург
(20) Тверь

(21) Плёс
(22) Кавказ
(23) Волга
(24) остров Валаам
(25) Камчатка
(26) Чёрное море
(27) Балтийское море
(28) Хабаровск

🎧 **Задание 4**

Переводите словосочетания устно на слух в паузу в высоком темпе. Затем слушайте правильный ответ. Проверьте себя по ключу.

🎧 **Задание 5**

Слушайте предложения и записывайте по-китайски смысл каждого из них. Обсудите с преподавателем свои переводы. Каждое предложение будет прочитано только один раз. Вы можете записать не всю информацию, а только самую главную (≥70%).

(1) _____
_____
_____
_____

(2) _____
_____
_____
_____

(3) _____

_____

_____

Задание 6

1. Найдите в текстах перевод слов, данных ниже, и запишите его.

Текст 1

"银环"是俄罗斯政府近年来推出的一条全新的旅游路线，覆盖了11个联邦主体，60个城市和170个旅游景点，具有巨大的旅游和文化价值。"银环"涵盖了西北地区最具历史意义的地区和城市：圣彼得堡市、加里宁格勒市、阿尔汉格尔斯克市、列宁格勒州、沃洛格达市、卡累利阿共和国、涅涅茨自治区、诺夫哥罗德、科米共和国、普斯科夫和摩尔曼斯克州。

(1) Серебряное кольцо _____

(2) федеральный субъект _____

(3) Архангельск _____

(4) Ленинградская область _____

(5) Вологда _____

(6) Ненецкий автономный округ _____

(7) Псковская область _____

Текст 2

中国游客对红色旅游很感兴趣。俄罗斯的红色遗产包括莫斯科、圣彼得堡、喀山和乌里扬诺夫斯克等城市。中国人去俄罗斯不仅是为了感受俄罗斯文化，也是为了购物。此外，由于水资源丰富，在北极和远东地区，俄罗斯的游轮旅游发展潜力很大。

(1) Ульяновск _____

(2) Арктика _____

Текст 3

每年10月，俄罗斯就会进入绚丽的秋天。秋风寒雨使得西伯利亚的原始森林、伊尔库茨克的白桦林、卡尔梅克的大草原以及湖光潋滟的贝加尔湖显得越发亲切迷人，此刻它们正张开双臂迎接中国游客的到来。

(1) берёзовая роща _____

(2) Калмыкия _____

(3) просторная степь (ж.р.) _____

(4) встречать кого с распростёртыми объятьями _____

2. Устно переведите каждый текст с китайского языка на русский по предложениям, повторяя каждый раз уже сделанный перевод.

Задание 7

Смотрите выбранный вами рекламный ролик (урок 5, задание 12), выключив звук, и «озвучивайте» его по-китайски. Обратите внимание на выразительность чтения. Обсудите свой перевод в группе с преподавателем.

Задание 8

1. Слушайте текст «Утро на пляже» на русском языке и зрительно представляйте, о чём в нём идёт речь (видеоряд). Ничего не записывайте.
2. Затем расскажите текст по-русски, опираясь на тот «видеоряд», который вы запомнили. Попытайтесь вспомнить как можно больше информации.

ИЗУЧАЕМ НОВЫЙ МАТЕРИАЛ

Задание 9

Слушайте и читайте вместе с диктором дроби три раза по-русски.

(1) 1/10	(6) 0, 035	(11) 19, 91	(16) 5, 82
(2) 0, 1	(7) 1, 4	(12) 1, 01	(17) 12, 092
(3) 2/100	(8) 2, 5	(13) 9, 035	(18) 1, 13
(4) 0, 02	(9) 0, 79	(14) 96, 521	(19) 0, 35
(5) 35/1000	(10) 1, 12	(15) 219, 682	(20) 8, 8

Задание 10

1. Прочитайте тексты про себя, затем скажите по-китайски на диктофон как можно короче (одно-два предложения), о чём идёт речь в каждом тексте. Обсудите свои записи с преподавателем.

Текст 1

长期以来，中国的旅游业一直是国民经济一个独立的产业，也是最具发展活力和最有前途的产业之一。上亿的中国游客每年奔赴世界各地旅游。他们宣扬中国文化，激发了外国人对中国的兴趣。外国游客来到中国不仅是被中华文明的伟大文化遗产所吸引，也是被丰富的自然资源所吸引。

Текст 2

根据国家统计局数据显示，中国入境游客数量持续上升，虽然2014年中国入境游客数量略有下降，但是随后继续增长，到2019年中国入境游客数量达到14 530.78万人次，同比上升2.9%。

Текст 3

2017年9月15日，北京颐和园与圣彼得堡的彼得夏宫签订了友好合作协议，开启了合作的新篇章。颐和园与彼得夏宫有不少相似之处：同为皇家园林，又都被列入世界遗产名录。颐和园和彼得夏宫的合作将在中俄两国人文交流合作中发挥积极的作用。

2. Устно переведите свой ответ на русский язык, записывая себя на диктофон. Обсудите свой перевод с преподавателем.

🎧 **Задание 11**

1. Слушайте текст на китайском языке и пишите в таблицу по-китайски названия городов, провинций, достопримечательностей, о которых в нём идёт речь. Устно переведите их на русский язык и обсудите переводы с преподавателем. Запишите правильные варианты.

Новые слова и выражения

1 резиденция китайских правителей　中国帝王的离宫
2 грандиозное сооружение　雄伟的建筑
3 рисовая плантация　水稻种植园
4 склон горы　山坡
5 многоярусный торт　多层蛋糕
6 таинственный　神秘的
7 предгорье　山麓
8 небоскрёб　摩天大楼
9 Драконий хребет　龙脊

Город, провинция, достопримечательность	Информация о достопримечательностях

2. Слушайте текст ещё раз и кратко записывайте информацию о каждой достопримечательности любым удобным вам способом.

3. Устно, используя свои записи, расскажите о городах, провинциях, достопримечательностях на русском языке, записывая себя на диктофон. Обсудите свои переводы с преподавателем.

Задание 12

1. Слушайте два раза текст 1а на русском языке и записывайте ключевые слова.

_____

_____

_____

2. Слушайте два раза текст 1б на китайском языке и записывайте ключевые слова.

_____

_____

_____

3. Сравните ключевые слова, которые вы записали для текстов 1а и 1б. Для сравнения используйте вопросы, которые даны ниже. Аргументируйте свое мнение.

(1) Вы записали одинаковое или разное количество ключевых слов для текстов на русском и китайском языке? Для какого текста ключевых слов больше? Почему?

(2) Какие слова вы выбрали в качестве ключевых? Это главные члены предложения, названия, числительные, сложные для запоминания слова и словосочетания, слова, которые вы смогли услышать, и т.п.?

(3) Есть ли ключевые слова, одинаковые для обоих текстов? Какие это слова? Как вы думаете, почему они совпадают?

4. Повторите это задание для текстов 2 – 7.

Текст 2

2а _____

2б _____

Текст 3

3а _____

3б _____

Текст 4

4а _____

4б _____

Текст 5

Новые слова

кулер – 制冷设备

5а _____

5б _____

Текст 6

Новые слова и выражения

бюджетный отель   经济型酒店
хостел   提供低价食宿的招待所、客栈、小旅店

6а _____

6б _____

Текст 7

Новые слова и выражения

туристический бум   旅游热潮
Ростуризм   俄罗斯联邦旅游局

7а _____

7б _____

Задание 13

1. Слушайте один раз текст на китайском языке о самых чистых городах Китая и пишите ключевые слова.

_____

_____

_____

_____

_____

2. Расскажите текст по-китайски, используя эти ключевые слова. Записывайте себя на диктофон. Старайтесь как можно более полно передать информацию, содержащуюся в тексте.

3. Сравните свой пересказ и исходный текст. Добавьте в список ключевых слов те слова, которых, по вашему мнению, не хватило для полного изложения информации исходного текста.

4. Расскажите текст по-китайски ещё раз, записывая себя на диктофон. Обсудите свой пересказ с преподавателем.

🎧 **Задание 14**

1. Переведите слова и выражения, данные ниже.

(1) консульство _____

(2) граничить с *чем* _____

(3) рейс _____

(4) восстановление сил _____

(5) инфраструктура _____

2. Слушайте тексты на русском языке и пишите ключевые слова.

(1) _____

(2) _____

(3) _____

(4) _____

(5) _____

3. Расскажите тексты по-русски, используя эти ключевые слова. Записывайте себя на диктофон. Старайтесь как можно более полно передать информацию, содержащуюся в тексте.

4. Обсудите в группе с преподавателем следующие вопросы.

(1) Полностью ли изложена информация исходного текста?

(2) Если информация изложена не полностью, то чего не хватает? Почему?

(3) Действительно ли слова, которые записал студент, являются ключевыми? Были ли они полезны для пересказа?

(4) Какие ключевые слова были бы, по вашему мнению, более полезны? Почему?

САМОСТОЯТЕЛЬНАЯ РАБОТА

📹 **Задание 15**

1. Смотрите один из фрагментов видеофильма и старайтесь понять его содержание. Ничего не записывайте. Вы можете слушать текст (в том числе и по частям) столько раз, сколько нужно, пока не поймёте его смысл.

Новые слова и выражения

① богатеть – разбогатеть 发财，致富
② наплыв туристов 游客云集
③ сводить – свести концы с концами 勉强维持生计，勉强度日
④ совмещать *что* 兼容，并存；结合
⑤ рисовая терраса 水稻梯田
⑥ Тулоу 土楼
⑦ бублик 较粗大的面包圈
⑧ возведение *чего* 建造……
⑨ восьмиугольный 八角形的；八边形的
⑩ деревня Гаотоу 高头村
⑪ клан 家族
⑫ Хакка 客家
⑬ прочный 坚固的
⑭ прямоугольный 长方形的，矩形的
⑮ пятиугольный 五角形的；五边形的
⑯ Фуцзянь 福建

2. После того как вы поняли содержание фрагмента текста, запишите его перевод по-китайски.

Текст 1

_____

_____

_____

_____

Текст 2

_____

_____

_____

_____

3. Проверьте по ключу, насколько полно и правильно вы поняли смысл текста.

Задание 16

Используя ключевые слова, которые вы записали на уроке, подготовьте устный перевод видеосюжета о чистых городах Китая из задания 13. При переводе вы можете использовать слова и выражения, которые даны ниже, или найти нужные вам слова в словаре.

Новые слова и выражения

1. Биньчжоу   滨州
2. вряд ли   未必，不见得
3. гигиена   卫生
4. Далянь   大连
5. дворник   打扫卫生的人，清洁工
6. жемчужина   （一粒）珍珠
7. колыбель (ж.р.)   摇篮；发源地
8. коммунальные службы   公共服务
9. конкурентоспособность   竞争（能）力
10. Лючжоу   柳州
11. Ляонин   辽宁
12. мусор   垃圾
13. нормы санитарии   卫生标准
14. организованность   组织性

⑮ очарование 魅力
⑯ побережье 沿岸（一带）
⑰ портовый 港口的
⑱ практически 几乎
⑲ прежде 以前，原先；首先
⑳ прибрежный 沿岸的，岸边的；滨海的
㉑ развитой 发达的
㉒ свойственный 本性上的，固有的
㉓ Сингапур 新加坡
㉔ Сямэнь 厦门
㉕ Чжэцзян 浙江
㉖ Шаосин 绍兴
㉗ Янцзы 长江

Задание 17

1. Быстро просмотрите текст и подчеркните слова, которые вам кажутся сложными для произношения. Прочитайте их вслух несколько раз. Переведите незнакомые слова.

Текст

В последнее время Китай стал наиболее привлекательным для туристов из многих других стран, в особенности, для туристов России. Эта страна влечёт туристов своими достопримечательностями, национальными и яркими праздниками, культурными традициями и обычаями, огромной сетью развитых турбаз и гостиниц.

Поэтому, приехав в Китай, вы можете подумать, что попали в какой то загадочный мир: нескончаемое количество разнообразных магазинов и торговых центров, кафе-баров, гостиниц, ярких клумб и необычайных скверов, и вы не захотите ещё долгое время оттуда уезжать.

2. Слушайте и читайте текст вместе с диктором.

3. Слушайте текст и повторяйте в паузу за диктором. Старайтесь не смотреть в текст.

4. Как можно точнее устно передайте по-китайски главное содержание текста, записывая себя при этом на диктофон.

5. Прослушайте свою запись и сравните её с исходным текстом на русском языке. Если вы пропустили какую-то, по вашему мнению, важную информацию, ещё раз кратко устно передайте содержание текста по-китайски, записывая себя на диктофон.

Задание 18

1. **Переведите на русский язык и запишите названия объектов всемирного наследия ЮНЕСКО в Китае и их местоположение. Проверьте себя по ключу.**

№	Названия объектов всемирного наследия ЮНЕСКО в Китае	Перевод на русский язык	Местоположение	Перевод на русский язык
(1)	长城		北京市	
(2)	秦始皇陵及兵马俑坑		陕西省	
(3)	明清故宫（北京故宫、沈阳故宫）		北京市、辽宁省	
(4)	莫高窟		甘肃省	
(5)	周口店"北京人"遗址		北京市	
(6)	承德避暑山庄及其周围寺庙		河北省	
(7)	拉萨布达拉宫历史建筑群		西藏自治区	
(8)	武当山古建筑群		湖北省	
(9)	曲阜孔庙、孔林和孔府		山东省	
(10)	庐山国家公园		江西省	
(11)	平遥古城		山西省	
(12)	苏州古典园林		江苏省	
(13)	丽江古城		云南省	
(14)	北京皇家园林——颐和园		北京市	
(15)	北京皇家祭坛——天坛		北京市	
(16)	大足石刻		重庆市	
(17)	青城山—都江堰		四川省	
(18)	明清皇家陵寝		江苏省、北京市、辽宁省、湖北省、河北省	
(19)	龙门石窟		河南省	

续表

№	Названия объектов всемирного наследия ЮНЕСКО в Китае	Перевод на русский язык	Местоположение	Перевод на русский язык
(20)	皖南古村落——西递、宏村		安徽省	
(21)	云冈石窟		山西省	
(22)	高句丽王城、王陵及贵族墓葬		吉林省、辽宁省	
(23)	澳门历史城区		澳门特别行政区	
(24)	殷墟		河南省	
(25)	开平碉楼与村落		广东省	
(26)	福建土楼		福建省	
(27)	五台山		山西省	
(28)	登封"天地之中"历史古迹		河南省	
(29)	杭州西湖文化景观		浙江省	
(30)	元上都遗址		内蒙古自治区	
(31)	红河哈尼梯田文化景观		云南省	
(32)	"大运河"		北京市、天津市、河北省、山东省、江苏省、浙江省、安徽省、河南省	
(33)	丝绸之路"长安—天山廊道路网"		（中国部分）河南省、陕西省、甘肃省、新疆维吾尔自治区	
(34)	土司遗址		湖南省、湖北省、贵州省	
(35)	左江花山岩画文化景观		广西壮族自治区	
(36)	鼓浪屿		福建省厦门市	
(37)	良渚古城遗址		浙江省	
(38)	泉州：宋元中国的世界海洋商贸中心		福建省	

2. Найдите и отметьте на карте Китая объекты всемирного наследия ЮНЕСКО.

🎧 **Задание 19**

1. Переведите незнакомые слова из списка, данного ниже. Потренируйтесь в их правильном произношении.

(1) сталкиваться *с чем* _____

(2) критерий; отвечать *какому* критерию/ критерию *чего* _____

(3) *что* принято называть *как* _____

(4) сущность *чего-либо* _____

(5) смешанные критерии _____

(6) созидательный гений _____

(7) ландшафт _____

(8) демонстрировать *что* _____

(9) кануть в лету _____

(10) значимый _____

(11) Лешаньский Будда _____

(12) гигантская панда _____

(13) интеграция человека в природу _____

(14) верование _____

2. Слушайте и читайте один раз часть а текста «Объекты всемирного наследия ЮНЕСКО в Китае»; одновременно записывайте ключевые слова.

3. Изложите информацию части а по-русски, опираясь только на ключевые слова и стараясь использовать как можно более простые грамматические конструкции и как можно меньше слов исходного текста. Записывайте при этом себя на диктофон.

Объекты всемирного наследия ЮНЕСКО в Китае

а

Путешествуя по Китаю, мы постоянно сталкивались с тем, что та или иная достопримечательность включена в список всемирного наследия ЮНЕСКО. Китай, кстати, занимает второе место в мире по числу объектов всемирного наследия.

Давайте разберёмся, как попасть в этот список. На сегодняшний день, чтобы быть включённым в список всемирного наследия ЮНЕСКО, культурный объект должен отвечать хотя бы одному из 10 критериев, первые 6 из них принято называть культурными критериями, а последние 4 – природными. За более точными определениями лучше сходить на сайт ЮНЕСКО или Википедию, здесь же дано объяснение сущности критериев и примеры.

(...)

4. Сравните свой пересказ и исходный текст. Добавьте в список ключевых слов те слова, которых, по вашему мнению, не хватило для полного изложения информации исходного текста.

5. Повторите пункты 3 и 4.

6. Продолжайте работать так, пока ваш пересказ не станет достаточно полным. Обратите внимание на то, что заучивать наизусть исходный текст нельзя.

7. Повторите это задание для частей б – д.

(...)

б

1. Объект является доказательством человеческого созидательного гения. Ярким примером является Великая Китайская стена.

2. Объект демонстрирует серьёзное влияние образа жизни людей и их мировоззрения на искусство, ландшафт, архитектуру. Пример – Запретный город.

3. Объект является исключительным или, что ещё лучше, уникальным для какой-то цивилизации или культурной традиции, существующей до сих пор или уже канувшей в лету. Пример – Терракотовая армия.

в

4. Объект демонстрирует высокие инженерные достижения в области архитектуры, ландшафта, технологий в значимом историческом периоде. Пример – Лешаньский Будда.

5. Объект является выдающимся примером интеграции человека в природу. Яркий пример – рисовые террасы Хунхэ-Хани.

6. Объект напрямую или вещественно связан с событиями или существующими традициями, с идеями, верованиями, с художественными или литературными произведениями, имеющими исключительное значение для всего человечества. В качестве примера можно также привести Терракотовую армию.

г

7. Объект является природным местом невероятной природной красоты и эстетической важности. Иллюстрация – каменный лес Шилин.

8. Объект ярко иллюстрирует этапы развития земли, в том числе геологические

или иные процессы. И снова Шилин идеальный пример.

9. Объект ярко демонстрирует процессы в эволюции и развитии экосистем. Пример – «Ландшафт Данься» на территории провинций Гуйчжоу, Гуандун, Фуцзянь, Хунань, Цзянси и Чжэцзян в юго-восточной и юго-западной частях Китая.

10. Объект является важной естественной средой обитания для сохранения исчезающих видов. Пример – заповедник гигантских панд в Ченду.

д

Всего в список объектов Всемирного наследия ЮНЕСКО в Китае включено 56 наименования, в том числе: 38 объектов включены в список по культурным критериям, 14 объектов – по природным и 4 – по смешанным.

Задание 20

Выберите один из объектов всемирного наследия ЮНЕСКО в Китае (см. задание 18). Прочитайте в Интернете информацию о нём и подготовьте краткий рассказ (время звучания 2–5 мин.) и презентацию (ppt, 5–6 слайдов) об этом объекте на русском языке для русских слушателей по следующему плану.

План:

(1) Название;

(2) Где находится;

(3) Чем интересен;

(4) Какие программы и услуги для туристов предлагает.

КОММЕНТАРИИ

1. 关键词（**Ключевые слова**）

关键词指可以帮助译员记住源语信息中主要内容的词。准确听辨、捕捉信息里的关键词和关键信息是译文实现整体交际意义等值的核心步骤。因此，译员在听辨信息的时候，应横向抓住关键词和关键信息，纵向理清信息的主要逻辑和层次、事件发展的线索。

1. 关键词通常包括：

（1）时间信息、地点信息、人物信息、事件事物信息（专有名词、数量、单位、缩略语等）。

（2）说话人的语气、态度、表情、声调等。

（3）标记逻辑关系的词汇，即表示各种关系的关联词和连接词：①表示顺序的关联词和连接词：во-первых, во-вторых, в-третьих, затем, потом, в конце концов... ②表示因果的关联词和连接词：потому что, поэтому... ③表示转折的关联词和连接词：но, а, зато, однако... ④表示举例的关联词和连接词：например, допустим... ⑤表示总结的关联词和连接词：одним словом, в общем, из сказанного выше (ранее) мы можем увидеть, исходя из сказанного выше (ранее)... ⑥表示委婉反对的关联词和连接词：на самом деле, честно говоря, в этих обстоятельствах...

2. 关键词或关键信息也可以用同义词替代，如：Как вас зовут? Где вы живёте? Кто вы по профессии? Где вы работаете? В какую школу ты ходишь? На каком языке вы говорите? 这6个句子可以分别用 Имя? Адрес? Профессия? Работа? Школа? Язык? 记录。

辨识关键词的原则是：所选择的关键词能够帮助大脑记忆原文的主要内容，即把所选择的关键词串联起来基本上就是原文的主要内容。在保证内容完整的情况下，应限制关键词的数量。有时候，时间信息、地点信息、人物信息、专有名词、数量、单位、缩略语等并不总是关键词。是否是关键词取决于具体的语境及源语发言人想要表达、强调的意图。如："2018年11月22日，中俄红色旅游合作交流系列活动开幕式在山东临沂市举办。俄罗斯旅游业界专家、各大旅行商代表、知名媒体代表等俄方嘉宾80余人参加活动；国内知名旅游专家、全国红色旅游经典景区和重点旅行社负责人、山东省旅游部门负责人、媒体代表等共200余人参加了本次活动。"在这段话中，"临沂市"虽然是专有名词，但并不是关键词。

2. 小数（Десятичные дроби）

小数的读法：

0, 1 – ноль целых одна десятая

0, 01 – ноль целых одна сотая

0, 001 – ноль целых одна тысячная

1, 1 – одна целая одна десятая; одна и одна десятая

2, 1 – две целых одна десятая; две и одна десятая

2, 2 – две целых две десятых; две и две десятых

3, 3 – три целых три десятых; три и три десятых

4, 56 – четыре целых пятьдесят шесть сотых; четыре и пятьдесят шесть сотых

5, 007 – пять целых семь тысячных; пять и семь тысячных

小数变格和分数变格一样，各个部分都要发生变化，与之连用的名词用单数第二格。如：35, 3 процента, 42, 33 процента, 11, 7 секунды, 14, 5 килограмма。

ИЗУЧАЕМ ПЕРЕВОДЧЕСКУЮ СКОРОПИСЬ

Задание 21

Найдите символы в списке символов в конце учебника и впишите их в таблицу.

	больше
	меньше
	вопрос
	和
	важно; важность
	中国遥遥领先
	"过去" "……过" 或 "……了"
	将来

Задание 22

Обратите внимание на то, как в примерах используется предикативный символ «стрелка» (→, ←), который вы уже знаете.

(1) Много людей выезжает за границу.

(2) Россия импортирует всё больше товаров.

(3) Путешественникам можно вывозить из Китая до 5000 долларов США.

(4) Китай принимает туристов из разных стран мира.

俄汉—汉俄口译基础教程

(5) В России туристическую визу в Китай можно получить через неделю.

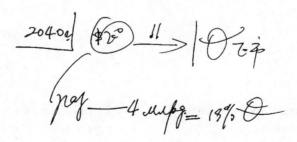

Задание 23

1. Прочитайте правило.

记笔记时，应选择承载最大语义的关键词，比如日期、数量、专有名词，用单横线标注。可以把某些复杂的表达简单化，用简单的句子记录，并用双横线标注。如：**стать главной движущей силой чего** – стать основой чего; **помогать развивать что** – **помогать развитию** / росту чего

2. На примере проследите, как происходит выделение основной нити содержания из текста.

Китайские авиапутешественники к 2040 году станут главной движущей силой мирового рынка авиаперевозок. Ожидается, что число поездок китайских туристов, перемещающихся по миру на самолётах, достигнет четырёх миллиардов, что составит 19% от всех авиапоездок в мире.

Ключевые слова: 中国航空旅客、2040年、推动力、40亿次、19%

Задание 24

1. Подчеркните одной чертой ключевые слова, а двумя чертами – слова, которые можно записать по методу трансформации (в том числе и символами).

98

(1) В 2017 году мировой пассажиропоток в авиационной сфере превысил 8, 2 млрд турпоездок, к 2034 году эта цифра, как ожидается, удвоится. Затем ежегодный прирост будет расти от 4, 1% до 4, 9% в год.

(2) В Азиатско – Тихоокеанском регионе Китай был и остаётся крупнейшим рынком компании HotelBeds. В мире он занимает четвёртое по активности место среди стран, осуществляющих онлайн – бронирование на данной платформе.

(3) Главный аэропорт Сибири «Толмачёво» (Новосибирск) за 9 месяцев 2018 года обслужил 190 тыс. пассажиров на китайских направлениях. В этот период рейсы из Новосибирска осуществлялись в семь городов КНР – Пекин, Санья, Урумчи, Шанхай, Гонконг, Харбин, Ордос.

(4) Согласно статистике, в рамках одной поездки 98% китайцев посещают Москву и Санкт-Петербург. Въездной турпоток из Китая в Северную столицу вырос с 29 тыс. за 9 месяцев 2014 года до 48 тыс. человек. При этом возможностью безвизового выезда в КНР воспользовались всего 135 петербуржцев.

(5) В отчёте говорится, что среди крупнейших туристических рынков и направлений мира первое место занимает Франция, Испания поднялась на второе место, а США и Китай занимают третье и четвёртое места соответственно. Что касается доходов от туризма, то США далеко впереди планеты всей – 210 млрд 700 млн долларов.

2. Запишите вертикально следующие предложения, сокращая слова и используя все известные вам символы.

(1)

(2)

(3)

(4)

(5)

3. Сравните свои записи с теми, которые даны в ключе.

4. Прочитайте то, что вы записали.

СЛОВАРЬ УРОКА

берёзовая роща 白桦林
бум 繁荣
бюджетный 预算的
восстановление сил 恢复体力
встречать – встретить *кого* с
распростёртыми объятьями 张开双臂迎接
грандиозный 宏伟的
граничить *с чем (несов.)* 与……交界，接壤
Драконий хребет 龙脊
инфраструктура 基础设施
консульство 领事馆
кулер 制冷设备
многоярусный торт 多层蛋糕

небоскрёб 摩天大楼
плантация 种植园
предгорье 山麓
просторный 宽阔的，辽阔的
резиденция 官邸，离宫
резиденция китайских правителей 中国帝王
的离宫
Ростуризм 俄罗斯联邦旅游局
серебряный 银的
склон 坡
таинственный 神秘的
Ущелье прыгающего тигра 虎跳峡
федеральный 联邦的

хостел 提供低价食宿的招待所、客栈、小旅店　　　Шанхайская башня 上海塔（即上海中心大厦）

Имена собственные

Арктика 北极地区
Архангельск 阿尔汉格尔斯克
Вологда 沃洛格达
Гуанси 广西
Калмыкия 卡尔梅克
Куньмин 昆明
Ленинградская область 列宁格勒州
Лицзян 丽江
Ямало-Ненецкий автономный округ 亚马尔–

涅涅茨自治区
Псковская область 普斯科夫州
Тибет 西藏
Ульяновск 乌里扬诺夫斯克
Шангри-Ла 香格里拉
Юньнань 云南

УРОК 7

Сопровождаем туристическую группу в России и Китае

Цели урока

---

1 Обучение компрессии текста (микрореферирование со зрительной опорой на текст на родном или иностранном языке; микрореферирование на родном языке текста, звучащего также на родном языке, с последующим переводом микрореферата на иностранный язык)

2 Изучение речевого этикета (на материале приветствия гида экскурсантам, реплик гида)

3 Перевод со зрительной опорой на текст на родном или на иностранном языке

4 Перевод текста, обладающего повышенной экспрессивностью

5 Пересказ текста на иностранном языке с использованием метода трансформации с последующим переводом его на родной язык

6 Обучение выбору стратегии перевода текста иностранного языка на родной и наоборот в заданный отрезок времени и с сохранением темпа речи, близкого к исходному тексту

7 Работа над техникой организации устной речи (изменение синтаксической структуры предложения)

8 Тренировка в употреблении прецизионной лексики (большие цифры, обыкновенные и десятичные дроби, географические названия, названия природных и культурных объектов), развитие навыков переводческого аудирования, накопление репродуктивного материала, развитие кратковременной памяти (упражнение на визуализацию), работа над произношением и выразительностью речи

ПОВТОРЯЕМ ИЗУЧЕННЫЙ МАТЕРИАЛ

🎧 **Задание 1**

Слушайте числительные на русском языке и пишите их цифрами. Проверьте себя по ключу. Прочитайте числительные по-русски два раза в быстром темпе.

1. Большие цифры

Номер	百亿	млрд. 十亿	亿	千万	млн. 百万	十万	万	тыс. 千	百	十	个
(1)											
(2)											
(3)											
(4)											
(5)											
(6)											
(7)											
(8)											
(9)											

2. Обыкновенные и десятичные дроби.

(1) _____   (4) _____   (7) _____   (10) _____
(2) _____   (5) _____   (8) _____   (11) _____
(3) _____   (6) _____   (9) _____   (12) _____

🎧 **Задание 2**

Слушайте слова и словосочетания и переведите их в паузу. Затем слушайте правильный ответ.

Задание 3

1. Прочитайте следующие тексты на китайском языке и запишите одним предложением главную информацию каждого текста на китайском языке и на русском языке. Обсудите с преподавателем получившиеся тексты.

（1）为进一步提升中俄两国旅游合作交流水平，推介中俄两国红色旅游资源，交流两国红色旅游发展成果，2018年11月22日，中俄红色旅游合作交流系列活动开幕式在山东临沂市举办。俄罗斯旅游业界专家、各大旅行商代表、知名媒体代表等俄方嘉宾80余人参加活动；国内知名旅游专家、全国红色旅游经典景区和重点旅行社负责人、山东省旅游部门负责人、媒体代表等共200余人参加了本次活动。

_____

_____

（2）旅游是指游客的活动，即游客的出行、住宿、餐饮、游览、购物、娱乐等活动；游客是指以游览观光、休闲娱乐、探亲访友、文化体育、健康医疗、短期教育（培训）、宗教朝拜，或因公务、商务等为目的，前往惯常环境以外，出行持续时间不足一年的出行者。旅游业是指直接为游客提供出行、住宿、餐饮、游览、购物、娱乐等服务活动的集合；旅游相关产业是指为游客出行提供旅游辅助服务和政府旅游管理服务等活动的集合。

_____

_____

（3）青年旅行社提供国内游、出境游、自助游、团体旅游、邮轮旅游、自驾游以及景点门票预订、机票预订、火车票预订服务。为您提供全球两百多个国家、几千种旅游线路的预订。产品优质，信息透明，让您放心出游。

_____

_____

2. Прочитайте следующие тексты на русском языке и запишите одним предложением главную информацию каждого текста на русском языке и на китайском языке. Обсудите с преподавателем получившиеся тексты.

(1) На прошлой неделе в Сочи прошёл III Всероссийский конгресс туроператоров и турагентов. На конгрессе активно обсуждали тему регулирования агентского сектора. Своим мнением поделилась ведущая популярного видеоблога о туризме Диана Фердман.

_____

_____

(2) Туризм, или туристические поездки, – это выезды (путешествия) посетителей в другую страну или местность, отличную от места постоянного жительства, на срок менее года с любой главной целью, кроме трудоустройства. Человека, совершающего такое путешествие, называют туристом, путешественником или посетителем.

(3) Наша туристическая фирма работает по всем направлениям международного и внутреннего туризма и со всеми ведущими туроператорами России и мира! Мы предлагаем весь спектр туристических услуг: пляжный отдых, лечение на курортах, комбинированные туры, бронирование отелей, авиа- и железнодорожных билетов на все направления, индивидуальные путешествия в любую точку мира!

Задание 4

1. Слушайте тексты на китайском языке и записывайте ключевые слова. Обсудите их с преподавателем.

Текст 1

Текст 2

Текст 3

2. Устно, используя свои записи и записывая себя на диктофон, изложите по-китайски основную мысль текста. Старайтесь использовать слова и грамматические конструкции, которые вы сможете без труда перевести на русский язык. Обсудите результат работы с преподавателем.

3. Затем устно переведите свои микрорефераты на русский язык, записывая себя на диктофон. Обсудите свои переводы с преподавателем.

🎧 **Задание 5**

Слушайте текст «Ручная кладь» на русском языке и зрительно представляйте, о чём в нём идёт речь. Ничего не записывайте. Затем расскажите текст по-русски, опираясь на тот «видеоряд», который вы запомнили. Попытайтесь вспомнить как можно больше информации.

Задание 6

1. Вспомните информацию видеосюжета о чистых городах Китая, посмотрев его один раз (урок 6, задание 13).

2. Используя ключевые слова, которые вы записали на прошлом уроке, сделайте устный перевод текста на русский язык. Записывайте при этом себя на диктофон. Обсудите свои переводы в группе с преподавателем.

ИЗУЧАЕМ НОВЫЙ МАТЕРИАЛ

🎧 **Задание 7**

1. Быстро просмотрите тексты приветствия гида к экскурсантам и подчеркните слова, которые вам кажутся сложными для произношения. Прочитайте их вслух несколько раз. Переведите незнакомые слова.

Текст 1 Приветствие гида в музее

Здравствуйте! Меня зовут Дарья, и я ваш экскурсовод. Сегодня я расскажу вам об этом удивительном месте и об уникальной коллекции декоративно-прикладного искусства. И это очень здорово, что сегодня в субботний дождливый день вы выбрались сюда, чтобы прикоснуться к искусству. Я думаю, мой рассказ не займёт много времени и доставит вам настоящее эстетическое удовольствие.

Текст 2   Приветствие гида в автобусе

Меня зовут Ольга Александровна. Я буду вашим экскурсоводом на маршруте «Анапа – Новороссийск – потом Кабардинка – и затем Геленджик». Вот такое будет наше сегодняшнее путешествие по Черноморскому побережью Кавказа. Эта экскурсия так и называется.

Текст 3   Приветствие гида на сайте

Приветствую, дорогие друзья! На связи блогер Казанец. Меня зовут Александр, и я рад вас приветствовать на своём блоге.

Если вы турист, едете в Казань и хотите узнать, куда сходить в Казани, то специально для вас у меня есть программа для самостоятельной прогулки по Казани. В ней вы узнаете, куда стоит сходить, на какие достопримечательности посмотреть в первую очередь, где попробовать национальную кухню, где отдохнуть, развлечься и так далее, стоит ли заказывать экскурсионную программу и где это лучше сделать...

Если вам интересна эта программа, переходите вниз на этой странице. Там будет ссылка на программу для туристов. Увидимся там!

2. Слушайте и читайте тексты вместе с диктором, обращая внимание на интонацию.
3. Устно переведите тексты на китайский язык. Обсудите свой перевод с преподавателем.

Задание 8

Переведите на русский язык фразы приветствия, а затем с выражением произнесите краткое приветствие сначала на китайском, а потом на русском языках.

Текст 1   长城脚下

尊敬的各位游客，大家好！很高兴和你们认识，欢迎大家来到祖国首都——北京。我是你们的导游李阳，非常高兴今天能够同各位一起游览长城，欢迎大家来到长城。1987年，长城被列入世界文化遗产名录。俗话说"不到长城非好汉"，今天就让我们当一回好汉吧。游览的时间是这样安排的：上午8点开始，下午4点结束。

大家在游览长城的时候，请注意安全，同时也请不要在城墙上乱涂乱画，不要乱扔垃圾，一定要做一个文明游客。最后，祝大家旅途愉快，玩得开心！

下面让我们一起珍惜每一分每一秒，一起来欣赏气势雄伟的万里长城吧，请大家往这里走。

Текст 2   大巴上的导游词

来自全国各地的朋友们，大家早上好！有道是"有缘千里来相会"。窗外春风又绿大地，正值蝶花飞舞的时节。很荣幸能够在这春光明媚的季节里与大家相识，更荣幸能够做大家的导游。首先我代表青年旅行社热情欢迎大家的到来，欢迎大家到北京参观游览。希望大家在游览结束后，可以充分领略到这个城市的韵味，预祝各位在这里度过愉快而美好的时光。现在请允许自我介绍一下，我叫王立诚，我父母给我起这个名字是希望我做一个正直、诚实的人，大家叫我小王就行。给我们开车的是张师傅，张师傅行车已二十多年，他开车很稳，大家请放心。各位在游览期间如果有什么需要我们帮忙的，或我们有什么地方做得不够的，请大家直接和我们提出来，我们将尽力而为，让您感受到宾至如归。

我们的旅游线路是这样的：各位在北京的三天时间里，我们将参观风景如画的颐和园，气势磅礴的万里长城，庄严厚重、古朴典雅的紫禁城。

大家现在看到的这个酒店就是我们将要入住的白天鹅大酒店，请大家关好车窗，把随身物品带下车，半小时后我们将在酒店大厅集合，前往故宫。

Задание 9

1. **Смотрите фрагмент комедии режиссёра Эльдара Рязанова «Невероятные приключения итальянцев в России» и пишите по-русски пропущенные реплики.**

Герои:

Г: гид

О: девушка по имени Ольга

С1: синьор Антонио Ламаццио, мужчина постарше

С2: брат синьора Антонио Ламаццио, мужчина помоложе

Г: _____

_____

О: Несмотря на эту печальную легенду мне тут нравится. Я останусь здесь.

С2: Да, прекрасное решение. И мы тоже останемся.

С1: Да-да, мы тоже.

Г: Синьоры, но я ещё не всё показал, не всё рассказал.

С2: Ну, это не важно.

О: _____

Г: Почему?

О: Потому что я так хочу.

Г: Да, но...

О: _____.

Г: Я тоже.

О: До свидания!

С2: _____.

Г: Да, конечно.

С1: Куда она пошла?

С2: Чтоб тебя на всю жизнь так скрючило!

С2: Синьор гид, простите! _____?

Г: В гостинице «Метрополь».

С2: Отлично! Гостиница «Метрополь». _____, если вы не возражаете, конечно.

Г: А, с удовольствием. Конечно.

С2: Сами пешком пройдёмся.

Г: Пешком по Москве... _____.

С2: Да, пожалуйста.

С1: С ума сошёл? Какой «Метрополь»? Нам же в Ленинград надо ехать.

С2: В отель поедет только багаж. Ольгу нельзя упускать из виду.

Г: _____
_____... Синьоры!

Г: _____! Мне кажется, что вы преследуете эту девушку.

С1: Кто? Мы? Нет!

С2: Неужели вы так подумали? Она красивая девушка. А вам она не нравится?

Г: О, совсем наоборот.

С1: Она!

Г: _____.

С2: Колоссально!

2. Посмотрите фрагмент фильма ещё раз и отметьте, кто из героев какую реплику говорит.

3. Переведите незнакомые слова. Подчеркните слова, сложные для произношения, несколько раз прочитайте их вслух.

4. Выразительно прочитайте полилог по ролям.

5. **Устно переведите полилог на китайский язык, записывая себя на диктофон. Проверьте себя по ключу. Обсудите свои переводы с преподавателем.**

6. **«Озвучьте» фрагмент фильма на китайском языке.**

7. **Слушайте профессиональный перевод этого фрагмента на китайский язык. Сравните его со своим переводом.**

Задание 10

1. **Посмотрите начало видеорепортажа о Сулакском каньоне в Дагестане и запишите ключевые слова. Обсудите с преподавателем свой выбор ключевых слов.**

_____

_____

_____

_____

2. **Кратко устно изложите основную информацию о Сулакском каньоне 1) по-русски, 2) по-китайски. Записывайте себя на диктофон.**

Задание 11

1. **Прочитайте текст видеорепортажа из задания 10. Переведите незнакомые слова. Подчеркните слова, трудные для произношения, несколько раз прочитайте их вслух.**

Кадры для тех, кто всё ещё не был в отпуске.

Это не Мальдивы, не Таиланд. Дагестан!

Подо мной Сулакский каньон – дагестанское чудо! 53 километра в длину, изумрудная вода...

Сулак в Дагестане глубже, чем знаменитый Гранд-Каньон в Аризоне. Максимальная глубина – 1920 метров. Ну просто посмотрите, как красиво!

Всего час езды от столицы республики – и вы здесь.

Сулак – одна из самых полноводных рек Дагестана.

2. **Выразительно читайте текст вместе с дикторами. Старайтесь повторить интонацию дикторов.**

3. **Какую информацию (какие предложения) вы не записали, когда слушали текст (задание 10)? Почему? Зачем, по вашему мнению,**

эта информация нужна в тексте?

4. **Устно переведите текст на китайский язык, записывая себя на диктофон.**

5. **Сравните первую (задание 10) и вторую (задание 11) аудиозаписи своих переводов. Обсудите их с преподавателем.**

Задание 12

1. **Слушайте фрагмент видеорепортажа журналиста Дмитрия Крылова «Летняя Камчатка», пишите ключевые слова. Обсудите с преподавателем свой выбор ключевых слов.**

Новые слова и выражения

1. полуостров Камчатка   堪察加半岛
2. действующий вулкан   活火山
3. спящий вулкан   休眠火山
4. луноход   月球车
5. грязевой котёл   泥锅
6. кипеть   煮沸；沸腾起来
7. жидкая глина   液态黏土
8. ледник   冰川

_____

_____

_____

_____

2. **Расскажите текст по-русски максимально просто, как для ребёнка (минимум слов из теста), записывая себя на диктофон.**

3. **Проверьте по ключу, насколько правильно вы поняли текст.**

4. **Подумайте, насколько правильно вы выбрали ключевые слова, помогли ли они вам вспомнить содержание текста. Отредактируйте свой список ключевых слов.**

5. **Устно, записывая себя на диктофон, переведите текст на китайский язык; при этом старайтесь передать смысл исходного сообщения как можно точнее. Обсудите свой перевод с преподавателем.**

Задание 13

1. **Начинайте читать предложения с каждого выделенного слова (по очереди). Вы можете изменить синтаксическую структуру предложения, изменить и/или добавить некоторые слова, но**

должны сохранить информацию и не нарушать правила грамматики. Запишите получившиеся варианты.

Образец:

Во времена СССР *Камчатка* (а) была *закрытой* (б) областью страны, куда *не допускались* (в) иностранцы.

(а) *Камчатка* во времена СССР была закрытой областью страны, куда не допускались иностранцы.

(б) *Закрытой* областью страны, куда не допускались иностранцы, Камчатка была во времена СССР.

(в) Не *допускались* иностранцы во времена СССР на Камчатку, так как она была закрытой областью страны.

(1) Одна из *причудливых* (а) особенностей *местной* (б) природы – это *грязевые* (в) котлы, в которых кипит и бурлит *жидкая* (г) глина.

(а) _____

(б) _____

(в) _____

(г) _____

(2) Почти все камчатские *реки* (а) берут своё начало на *ледниках* (б) или в *горах* (в), и поэтому вода в них не только *холодная* (г), но и настолько *чистая* (д), что её можно *безбоязненно* (е) пить.

(а) _____

(б) _____

(в) _____

(г) _____

(д) _____

(e) _____
_____

2. Устно переведите каждый из вариантов на китайский язык, записывая себя на диктофон. Обсудите перевод с преподавателем.

САМОСТОЯТЕЛЬНАЯ РАБОТА

🎧 Задание 14

1. Слушайте текст 1 об озере Байкал и старайтесь понять его содержание. Ничего не записывайте. Вы можете слушать текст (в том числе и по частям) столько раз, сколько нужно, пока не поймёте его смысл.

2. После того как вы поняли содержание фрагмента текста, запишите его перевод по-китайски. Можно делать перевод текста по частям.

Текст 1

_____
_____
_____
_____
_____

3. Проверьте по ключу, насколько полно и правильно вы поняли смысл всего текста.

4. Повторите то же самое для второго текста об озере Байкал.

Текст 2

_____
_____
_____
_____
_____
_____

Задание 15

Подготовьте устный перевод-комментарий на русском языке к видеосюжету о чистых городах Китая (задания 13 и 16 урока 6, задание 6 урока 7).

Комментарий должен быть следующим:

1. Текст комментария как можно более точно передаёт информацию исходного текста.

2. Ваш темп речи на русском языке примерно равен темпу речи китайского диктора. Ваш комментарий не опережает видеоряд и не отстаёт от него.

Если текст вашего перевода больше или меньше нужного, измените его: уменьшите или, наоборот, увеличьте количество слов. Помните о том, что основные мысли исходного текста изменять нельзя.

Задание 16

1. Смотрите фрагмент комедии режиссёра Эльдара Рязанова «Невероятные приключения итальянцев в России» и пишите по-русски пропущенные реплики.

Полилог 1

Участники:

Г: гид

Д: доктор

О: девушка по имени Ольга, синьорина Ольга

С1: синьор Антонио Ламаццио, мужчина постарше,

С2: брат синьора Антонио Ламаццио, мужчина помоложе

Г: _____, синьоры! Кто здесь синьор Антонио Ламаццио?

Д: Он там.

Г: Синьор Антонио Ламаццио! _____ Антонио Ламаццио?

С1: Он ненормальный.

Г: Вы?

С1: Кто? Что? Что ты натворил?

Г: _____.

С1: Гид?

Г: Да.

С1: Нам не нужен гид.

С2: Мы не просили. Нам даже плакать не на что, а вы говорите: «Гид».

Г: Синьоры, _____.

С1: Нет-нет. Не надо бесплатно. _____. Извините, синьор. Отдай цветы!

С2: Простите, а вместо бесплатного гида нельзя получить бесплатные часы?

Г: Слушайте, почему вы всё время вмешиваетесь? Я же не ваш гид, а его.
_____.

О: Пожалуйста, не упускайте их обоих из виду. Они так нуждаются в вашем внимании.

С2: Знаете, _____, синьор гид. Займитесь, пожалуйста, этой прекрасной синьориной. Ей так скучно.

Г: _____!

О: Благодарю.

Г: Но именно синьор Антонио – _____.

С1: Я?

Г: Да.

С1: _____!

С2: И ты ещё не доволен?

С1: Конечно!

Полилог 2

Участники:

СН: синьор со сломанной ногой

Т1: таможенник 1

Т2: таможенник 2

В: врач

Т1: _____.

СН: Почему?

Т1: Мы должны _____.

СН: Не, я не могу. Я тороплюсь.

Т2: _____.

СН: Слушайте, _____!

Т1: Прошу вас.

СН: _____.

Т2: _____.

СН: Слушайте, я вам говорю: «_____!»

Т1 или Т2: Мы _____.

СН: _____!

Т1: _____.

СН: Что такое? Что такое?

В: _____.

СН: _____! Это хамство!

Т1: _____.

СН: Это нарушение всех международных правил!

В: _____?

CH: Слушайте...

T1: _____ .

CH: Не подходите ко мне! Не подходите ко мне! Я сам. Я сам. Ой-ой! Ой, мама! Ёлки!

B: _____ !

2. Посмотрите фрагмент фильма ещё раз и отметьте, кто из героев какую реплику говорит. Проверьте себя по ключу.

3. Переведите незнакомые слова. Подчеркните слова, сложные для произношения, несколько раз прочитайте их вслух.

4. Прочитайте полилог по ролям, имитируя интонацию актёров.

5. Письменно переведите реплики участников полилога на китайский язык.

6. Выучите подчёркнутые словосочетания наизусть (см.ключ).

7. «Озвучьте» этот фрагмент фильма на китайском языке.

8. Слушайте профессиональный перевод этого фрагмента на китайский язык. Сравните его со своим переводом.

Задание 17

Смотрите фрагмент фильма «Без границ». Записывайте вопросы и требования таможенников и их ответы пассажирам, названия городов, куда летят пассажиры, и цель их поездки. Устно переведите реплики таможенников на китайский язык. Выучите их наизусть.

Вопросы и требования таможенников	Ответы таможенников	Города, куда летят пассажиры	Цель поездки пассажиров

Задание 18

1. Подумайте, с какими объектами природного или культурного наследия мира можно сравнить следующие достопримечательности.

Дворцы императоров династий Мин и Цин в Пекине и Шэньяне, Пещеры Могао, Национальный парк Лушань, Храм Неба: императорский жертвенный алтарь в Пекине, Наскальные рельефы в Дацзу (Пещеры Дацзу), Культурный Ландшафт Западного Озера в Ханчжоу (Древний культурный ландшафт Китая, озеро Сиху в Ханчжоу), Остров Гуланъюй, Исторический центр города Макао.

2. Составьте на русском языке, а затем начитайте на диктофон рекламный текст об одной из этих достопримечательностей, взяв за образец текст о Сулакском каньоне из задания 10. Старайтесь говорить выразительно.

ИЗУЧАЕМ ПЕРЕВОДЧЕСКУЮ СКОРОПИСЬ

Задание 19

Запишите сокращённо названия стран так, как вам это удобно. Запомните свой вариант сокращения.

(1) Китай _____

(2) Англия _____

(3) Япония _____

(4) Корея _____

(5) Индия _____

(6) Германия _____

(7) Украина _____

(8) Австрия _____

(9) Польша _____

(10) Швейцария _____

(11) Россия _____

(12) Испания _____

(13) Франция _____

(14) Америка _____

(15) Вьетнам _____

(16) Белоруссия _____

(17) Австралия _____

(18) Италия _____

(19) Финляндия _____

(20) Швеция _____

Задание 20

1. Изучите правило.

译者可使用下列符号加强或者弱化单词、词组的意义。

1. 画单横线表示强调或者拓宽单词、词组的意义。如：Большая страна □。

2. 画双横线表示再次强调或级别最高。如：Великая держава □。

3. 画虚线表示弱化单词、词组的意义。如：Маленькая страна □。

2. Запишите по образцу данные ниже словосочетания. Используйте также известные вам знаки скорописи. Проверьте себя по ключу.

(1) огромный край _____

(2) небольшой медведь _____

(3) настолько чистая вода _____

(4) малоизвестный маршрут _____

(5) самый известный водопад _____

(6) самый большой водопад _____

(7) самый высокий водопад _____

(8) прекрасное решение _____

(9) очень красивая девушка _____

(10) знаменитый каньон _____

(11) самая полноводная река _____

(12) самое древнее _____

(13) самое чистое и самое глубокое озеро _____

(14) Великие американские озёра _____

(15) небольшой город _____

(16) большая территория _____

(17) одна из сильнейших экономик мира _____

Задание 21

Изучите правило записи дополнительной информации текста.

一般情况下，以句子形式呈现但不在信息主线里的补充信息不是主要信息。记笔记的时候通常将补充信息置于括号内，并放在它所要补充、限定的那个词的下面。

(1) Следует сравнить количество туристов, приезжающих в Россию из разных стран.

(2) Во времена СССР Камчатка была закрытой областью страны, куда не допускались иностранцы.

(3) Являясь наиболее популярным видом туризма, пляжный туризм занимает 38% внутреннего туристического рынка России

(4) Объект ярко иллюстрирует этапы развития
земли, в том числе геологические или иные
процессы.

(5) Сегодня Всемирный день туризма отмечается
в большинстве стран мира: проходят слёты
туристов, праздничные мероприятия и
фестивали.

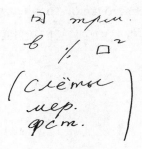

(6) От имени Министерства промышленности и
торговли Российской Федерации и от себя
лично рад приветствовать участников, гостей
и организаторов выставки.

Задание 22

**Запишите вертикально данные ниже тексты, используйте
сокращённую запись слов и известные вам символы.**

(1) Россия – туристическая держава с древней историей и блестящей культурой,
пользующаяся мировым признанием и уважением.

(2) С января по июнь 2018 года количество туристов, <u>прибывающих в Россию из Китая без визы,</u> достигло 373 тыс. 577 человек.

(3) Здесь большое количество памятников архитектуры, <u>каждый из которых может рассказать свою историю или погрузить в сказку.</u>

(4) В последнее время Китай стал очень привлекательным для туристов из многих стран, <u>в особенности для туристов из России.</u>

(5) Рестораны нескольких приморских городов угощают гурманов дальневосточным гребешком, <u>причём свежим, сервируемым прямо тут же из аквариума.</u>

(6) Позвольте мне <u>от имени правительства КНР и китайского народа</u> передать самые сердечные поздравления и наилучшие пожелания дружественному российскому правительству и народу.

(7) Об этом заявил Генеральный секретарь Всемирной туристской организации, выступая на открытии конференции по туризму и культуре.

СЛОВАРЬ УРОКА

багаж 行李
блогер 博主
бронирование 预留
велеть *кому* сделать *что* 吩咐……做……
воздвигать – воздвигнуть *что* 建筑，建造
вряд ли 未必
вулкан 火山
выезд 离开；启程
глина 黏土
дворник 打扫卫生的人，清洁工
доставлять – доставить удовольствие *кому* 给……带来欢乐
железнодорожный 铁路的
жемчужина 珍珠，瑰宝
живописный 美丽如画的
жительство 居住（的地方）
заслуга *кого, чья* ……的功劳
изумрудный 碧绿色的
кадры 镜头，画面
колыбель (*ж.р.*) 摇篮
комбинированный 配合的，混合的，组合的
коммунальный 市政的，公用的
курорт 疗养地
легенда 神话
ледник 冰川
максимальный 最大限度的
местность 地方，地区
мусор 垃圾
норма 标准
обслуживать – обслужить *кого* 为……服务

организованность 组织性
ослеплять – ослепить *кого* 使眼瞎
очарование 魅力
полуостров 半岛
портовый 港口的
практически 几乎
представление 概念，认识
преследовать *кого (несов.в.)* 跟踪
прибрежный 沿岸的，岸边的
прибытие 到达，抵达
пройтись (*сов.в.*) 走一走，散散步
развитой 发达的
регулирование 调整
ресурсы 资源
ручная кладь (*ж.р.*) 手提行李
свойственный 本性上的，（所）固有的
сектор 部门
сердечно 真诚地
спектр
ссылка 链接
сходить – сойти с ума 发疯，神经错乱
Тот не герой, кто не поднялся на Великую Стену. 不到长城非好汉。
туроператор 旅游经营者
уникальный 独一无二的
упускать – упустить из виду *кого, что* 疏忽，忽略
холл 大厅
цивилизованный 文明的
(чувствовать себя) как дома 像在家一样

Имена собственные

Анапа 阿纳帕
Барма и Постник 巴尔玛和波斯特尼克(建筑师)
Геленджик 格连吉克
Дагестан 达吉斯坦
Кавказ 高加索
Камчатка 堪察加(半岛)

Сулак 苏拉克
Новороссийск 新罗西斯克
Черноморское побережье 黑海海岸
СССР /эс-эс-эс-эр/ 苏维埃社会主义共和国联盟
(苏联)
Храм Василия Блаженного 圣瓦西里大教堂

Сопровождаем туристическую группу в Китае и России

Цели урока

1 Перевод основной информации текста с опорой на ключевые слова с иностранного языка на родной и наоборот
2 Изучение речевого этикета (на материале текста заключительной части экскурсии)
3 Перевод с листа с иностранного языка на родной
4 Развитие навыков переводческого аудирования, накопление репродуктивного материала, развитие кратковременной памяти (упражнение на визуализацию с последующим изложением информации на родном и иностранном языке), обучение выбору стратегии перевода текста с родного языка на иностранный в заданный отрезок времени и с сохранением темпа речи, близкого к исходному тексту, работа над техникой организации устной речи (изменение синтаксической структуры предложения)

ПОВТОРЯЕМ ИЗУЧЕННЫЙ МАТЕРИАЛ

Задание 1

Переводите словосочетания и предложения устно на слух в высоком темпе. Затем слушайте правильный ответ. Проверьте себя по ключу.

Задание 2

1. Послушайте фрагмент интервью советника посольства РФ в КНР Ю. Метелева о туристических возможностях КНР и ответвте на вопросы (на любом языке).

(1) – В каком городе можно увидеть Терракотовую армию?

   – _____

(2) – Где находится место Хуанму?

– _____

– Когда автор первый раз посетил город Сиань?

– _____

– Какие маленькие китайские города являются культурно-историческими памятниками Китая?

– _____

2. Слушайте текст по частям (по абзацам). После прослушивания каждого абзаца записывайте ключевые слова, а затем устно переводите его на китайский язык, записывая себя на диктофон.

(1) _____

(2) _____

(3) _____

(4) _____

(5) _____

(6) _____

(7) _____

3. После окончания работы над текстом обсудите свой перевод с преподавателем.

Задание 3

1. Изучите таблицу, переведите незнакомые слова. Затем послушайте тексты на русском языке и запишите числительные и слова, к которым они относятся (2014 год, 1000 человек и т.п.).

Текст 1	общее число въездных турпоездок иностранных граждан в Россию	
Текст 2	количество иностранных туристов в КНР	
Текст 3	список объектов Всемирного наследия ЮНЕСКО в Китае	
	общее число объектов Всемирного наследия ЮНЕСКО в мире	

Текст 3	критерии: – культурные	
	– природные	
	– смешанные	
Текст 4	Тибетский автономный район	
	доходы от туризма	
Текст 5	международный центр приграничного сотрудничества «Хоргос»	/
	беспошлинная торговля	
	Пункты пропуска; обычно за день через пункты пропуска в пиковый период	
Текст 6	общие доходы от туризма в мире	
	расходы китайских туристов от общего объёма глобальных доходов от туризма	
	число туристов в мире	

2. Проверьте себя по ключу.

3. Послушайте тексты ещё раз. Устно составьте предложения, соединяя данные левой и правой части таблицы и записывая себя на диктофон. Используйте модели «что составляет/ составило/ составит что» (Количество туристов в 2005 году составило 50 миллионов человек), «что включает/ включало/ будет включать что» (Список включает пять наименований) там, где это необходимо.

4. Затем устно переведите составленные вами предложения на китайский язык, записывая себя на диктофон. Обсудите свой перевод с преподавателем.

Задание 4

Изучите инфографику и устно изложите главную информацию на русском языке, записывая себя на диктофон. Обсудите результат своей работы с преподавателем.

1.

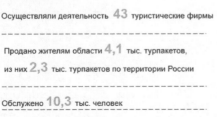

Всемирный день туризма

в 2021 году в Сахалинской области

Осуществляли деятельность **43** туристические фирмы

Продано жителям области **4,1** тыс. турпакетов,

из них **2,3** тыс. турпакетов по территории России

Обслужено **10,3** тыс. человек

Отправились в путешествие:

по России **6,4** тыс. человек

в зарубежные страны **3,9** тыс. человек

Число отправленных туристов по регионам России (в процентах)

- Сахалинская область
- Краснодарский край
- Республика Крым
- Камчатский край
- г. Санкт-Петербург и Ленинградская область
- другие регионы

1,9 2,0 2,2 2,3 17,3 74,3

Число отправленных туристов по зарубежным странам (в процентах)

- Турция
- Египет
- Куба
- другие страны

14,2 3,7 26,4 55,7

2.

ПСКОВСТАТ

КО ВСЕМИРНОМУ ДНЮ ТУРИЗМА

ФУНКЦИОНИРОВАЛО ТУРИСТСКИХ ФИРМ В 2021 ГОДУ	РЕАЛИЗОВАНО ТУРПАКЕТОВ НАСЕЛЕНИЮ ЗА 2021 ГОД
56 ОРГАНИЗАЦИЙ	**12,3** ТЫСЯЧИ

РАСПРЕДЕЛЕНИЕ ОТПРАВЛЕННЫХ ТУРИСТОВ ПО ВИДАМ ТУРИЗМА ЗА 2021 ГОД

80,5% Внутренний туризм — **33 245** человек — **19,5%** Выездной туризм

ОСНОВНЫЕ НАПРАВЛЕНИЯ ПОСЕЩЕНИЯ РОССИЙСКИМИ ТУРИСТАМИ СУБЪЕКТОВ РОССИЙСКОЙ ФЕДЕРАЦИИ ЗА 2021 ГОД		ОСНОВНЫЕ НАПРАВЛЕНИЯ ПОСЕЩЕНИЯ РОССИЙСКИМИ ТУРИСТАМИ ОТДЕЛЬНЫХ СТРАН МИРА ЗА 2021 ГОД	
Псковская область	66,8%	Российская Федерация	80,5%
Краснодарский край	14,5%	Турция	10,4%
Республика Крым	8,9%	Египет	2,9%
г. Санкт-Петербург	2,7%	Абхазия	1,6%
Республика Карелия	2,0%	Тунис	1,1%
Новгородская область	1,0%	Кипр	1,0%

pln24.ru

3.

🎧 **Задание 5**

Слушайте текст и зрительно представляйте, о чём в нём идёт речь. Ничего не записывайте. Затем расскажите текст по-русски, опираясь на тот «видеоряд», который вы запомнили. Попытайтесь вспомнить как можно больше информации.

Новое слово

Инструктор 教练

📹 **Задание 6**

Смотрите видеосюжет о чистых городах Китая (задания 13 и 16 урока 6, задания 6 и 15 урока 7) и комментируйте его по-русски.

ИЗУЧАЕМ НОВЫЙ МАТЕРИАЛ

🎧 **Задание 7**

1. Слушайте и читайте про себя текст, который гид или ведущий говорят в конце экскурсии или передачи о путешествиях.

Текст 1

Наша субботняя экскурсия подошла к концу. Надеюсь, мы вместе с экскурсоводом Дарьей смогли вас заинтересовать. А если так, то Егорьевский музей ждёт вас ежедневно с 9 (девяти) до 19 (девятнадцати) часов. Здесь вы познакомитесь с историческими экспонатами. До новых встреч!

Текст 2

Путешествуйте подольше и подальше и обязательно, обязательно приезжайте в Пекин. Будем с вами учить китайский и весело проводить время. До свидания!

Текст 3

Наша экскурсия заканчивается на Театральной площади. Если вспомнить историю, то в 60-е годы прошлого столетия здесь планировали сделать глобальную реконструкцию. Первое – это построить металлические арки. Высота каждой с девятиэтажный дом. Но, как мы видим, планы архитектора не удались.

2. Переведите незнакомые слова. Отметьте слова, трудные для произношения, прочитайте их вслух несколько раз.
3. Прочитайте текст вместе с диктором, обращая внимание на интонацию.
4. Устно переведите тексты на китайский язык. Обсудите свой перевод с преподавателем.

Задание 8

1. Устно переведите на русский язык слова заключительной части экскурсии, записывая себя на диктофон.

Текст 1

各位朋友，几天的行程还有10分钟就要结束了。此刻，我真的不想和大家说"再见"。这次旅程离不开大家的支持与合作。在这几天里，我们从相识到成为朋友。希望大家在最后的时间里给我提出宝贵的意见和建议，这样，我会在以后的工作中做得更好。

Текст 2

时间过得真快啊，我就要和大家说再见了，再过两个小时，你们就要离开北京了。在这里，我代表旅行社、司机和我个人，对大家这几天在旅游过程中对我们工作的支持和理解表示衷心的感谢。好，北京之旅到此结束，谢谢大家！祝大家旅途愉快！

Текст 3

俗话说：天下没有不散的宴席。到这里大连之行就要结束了。相信整洁的市容、欧式建筑和海鲜给您留下了深刻的印象。感谢大家一路上对我工作的支持和理解，大家对我像朋友一样，愿我们的友谊地久天长。欢迎大家有机会再来大连，我和我的旅行社将为您提供更好的服务。最后祝大家一切顺利，一路平安！

2. Проверьте себя по ключу.

3. Обсудите свой перевод с преподавателем.

◻◀ **Задание 9**

1. Смотрите видеосюжеты на русском языке и записывайте ключевые слова и основную информацию. Можете использовать скоропись.

Видеосюжет 1

_____

_____

_____

Видеосюжет 2

Новые слова и выражения

❶ цивилизация   文明

_____

_____

_____

Видеосюжет 3

Новые слова и выражения

① аромат   香气，芬芳
② бренд   品牌
③ дегустировать – продегустировать *что*   品尝，品味
④ ежемесячно   每月，按月
⑤ Коломна   科洛姆纳（俄罗斯的城市）
⑥ отпускной   休假，放假；假期
⑦ пастила   （用水果、蛋白和糖熬制的）软果糕
⑧ презентовать *что*   介绍，推介
⑨ прибыль (*ж.р.*)   赚头，盈余
⑩ чистая прибыль   纯利，净利
⑪ тематический   题目，主题

2. С помощью своих записей устно переведите текст на китайский язык как можно ближе к исходному тексту.

Задание 10

1. Смотрите видеосюжет о водопаде Хукоу и одновременно устно переводите на китайский язык текст, который вы видите на экране. Записывайте свой устный перевод текста на диктофон.

Новые слова и выражения

① величина   大小，尺寸
② глыба   巨块，大块
③ замок   城堡
④ ледяной   冰的
⑤ мастерить – смастерить *что*   （手工）制作
⑥ мини   短；小
⑦ мини-водопад   规模不大的瀑布
⑧ радуга   虹；光谱
⑨ сосулька   冰柱
⑩ сужаться – сузиться   变得狭窄
⑪ формироваться – сформироваться   成（某种形状）；形成

2. Сравните свой перевод и перевод, предложенный в ключе.

Задание 11

Подготовьте выступление на 2–3 минуты, используя следующую таблицу, и попросите своих однокурсников выступить в качестве устного переводчика.

1. Выступление на китайском языке

2017年中国旅游统计表[1]

项目	数量	比2012年增长	年均增长
旅游总收入	5.4万亿元	2.81万亿元	15.83%
国内旅游总收入	4.57万亿元	101.15%	15%
国内旅游人数	50亿人次	69.12%	11.08%
入境游人数	1.39亿人次	5%	1%
出境游人数	1.29亿人次	4580 万人次	9.17%
乡村游人数	25亿人次		
红色游人数	34.78亿人次		
红色游收入	9295亿元		

2. Выступление на русском языке

Статистика турпотоков КНР [2]

	2016	2017	2018
	Январь-декабрь	Январь-декабрь	Январь-июнь
Въезд в Россию из КНР (в рамках безвизовых групповых туристических обменов)	762 452 (+41%)	943 722 (+23%)	373 577 (+20%)
Въезд в Россию граждан КНР (в т.ч. с деловыми, учебными и прочими целями)	1 млн 289 тыс	1 млн 542	828 235

---

1 Источник: http://www.cntour.cn/news/5014/

2 Источник: http://www.visit-russia.ru/rossiysko-kitayskiy-turizm/statistika

续表

	2016	2017	2018
	Январь-декабрь	Январь-декабрь	Январь-июнь
Выезд российских туристов в КНР (в рамках безвизовых групповых туристических обменов)	344 864 (+41%)	415 134 (+23%)	157 738 (-16%)
Выезд Российских туристов в КНР (в т.ч. с деловыми, учебными и прочими целями)	1млн 676 тыс		1 млн 434 тыс

Задание 12

1. **Начинайте читать предложения с каждого выделенного слова (по очереди). Вы можете изменить синтаксическую структуру предложения, изменить и/или добавить некоторые слова, но должны сохранить информацию и не нарушать правила грамматики. Запишите получившиеся варианты.**

(1) Прогулка *по улицам* (а) *города Сямэнь* (б) *доставит* (в) вам *истинное* (г) *наслаждение* (д).

_____

_____

_____

_____

(2) Если вы в Интернете найдёте *статью* (а) о гастрономическом туризме, то вы *прочитаете* (б) там, что это *вид* (в) туризма, в котором местная культура *познаётся* (г) через *местные* (д) кулинарные традиции.

_____

_____

_____

_____

(3) Туристы *приезжают* (а) *к водопаду Хукоу* (б) *на реке Хуанхэ* (в) именно *в это время года* (г), чтобы *увидеть* (д), как природа мастерит свою зимнюю крепость.

_____

_____

_____

_____

2. Устно переведите каждый из вариантов на китайский язык. Обсудите с преподавателем перевод, обращая внимание на разницу в вариантах оригинала и перевода.

САМОСТОЯТЕЛЬНАЯ РАБОТА

Задание 13

Сделайте письменный перевод текста при его неоднократном прослушивании.

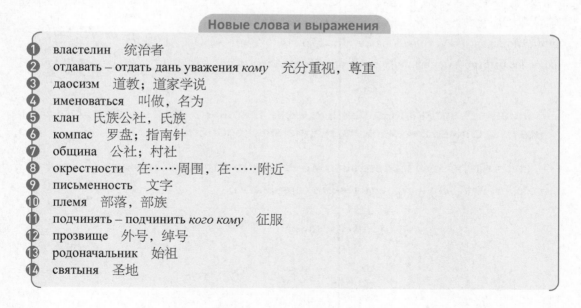

Новые слова и выражения

① властелин   统治者
② отдавать – отдать дань уважения *кому*   充分重视，尊重
③ даосизм   道教；道家学说
④ именоваться   叫做，名为
⑤ клан   氏族公社，氏族
⑥ компас   罗盘；指南针
⑦ община   公社；村社
⑧ окрестности   在……周围，在……附近
⑨ письменность   文字
⑩ племя   部落，部族
⑪ подчинять – подчинить *кого кому*   征服
⑫ прозвище   外号，绰号
⑬ родоначальник   始祖
⑭ святыня   圣地

_____
_____
_____
_____
_____
_____
_____
_____
_____

ИЗУЧАЕМ ПЕРЕВОДЧЕСКУЮ СКОРОПИСЬ

Задание 14

1. Изучите правило.

冒号在笔记中的作用是将与正文无直接关系的信息
与解释该部分内容的信息联系起来。如："Я считаю, что
туристическая индустрия в наши дни является одним из
наиболее быстро развивающихся секторов экономики."。

2. Запишите вертикально данные ниже тексты по образцу. Используйте все известные вам символы и приёмы скорописи.

(1) Лидеры двух стран подтвердили, что Российско-китайские связи носят характер всеобъемлющего и стратегического партнёрства.

(2) По данным Всемирной туристической организации, в 2018 году в Китае рост доходов от туризма составил 21%.

(3) В 2018 году Россию посетили более миллиона туристов из Китая, сообщили в туристической ассоциации «Мир без границ».

(4) В своей речи президент Российской Федерации подчеркнул, что Год российского туризма в Китае прошёл весьма успешно.

(5) Как известно, китайцы больше всего любят выращивать рис и любоваться живописными пейзажами.

(6) Из приведенной ниже таблицы видно, что общий доход от туризма в Китае в 2017 году составил 5,4 трлн. юаней.

Задание 15

1. Изучите правило.

虽然一个符号可以代表几种意思、可指代几个词，但是根据上下文我们能清楚地判断出该符号在某个具体的场合指代的是哪个词。因此，我们建议将被指代的词的首字母（头几个字母）置于该符号的上方或者内部。比如，□ 可以指代 страна, государство, территория，可以记录为 □c□ □г□ □т□ 或 Ċ Ġ Ṫ 。

2. Запишите данные ниже слова или словосочетания символами так, чтобы каждый символ можно было прочитать однозначно.

(1) быть _____

(2) весь _____

(3) взаимодействие _____

(4) всесторонний _____

(5) встреча _____

(6) делегат _____

(7) задача _____

(8) запрещать _____

(9) земной шар _____

(10) конкурс _____

(11) конференция _____

(12) ликвидировать _____

(13) мир _____

(14) наращивать _____

(15) посол _____

(16) представить _____

(17) равняться _____

(18) снижать _____

(19) соглашение _____

(20) сокращать _____

(21) соревнование _____

(22) составлять _____

(23) сотрудничество _____

(24) съезд _____

(25) увеличивать _____

(26) улучшать _____

(27) уменьшать _____

(28) уничтожать _____

(29) усиливать _____

(30) ухудшать _____

(31) цель _____

(32) являться _____

3. Прочитайте символы, которые вы записали.

Задание 16

Запишите вертикально, используя приёмы и символы скорописи, которые вы уже знаете. Сравните свою запись с ключом.

(1) Крупнейшее туристическое агентство Китая сообщило, что число туристов, посетивших Россию с января по июль 2018 года, заметно увеличилось по

сравнению с аналогичным периодом прошлого года.

(2) Согласно таможенным правилам Китая, в страну без пошлин и декларирования можно ввезти ноутбук, планшет, телефон или смартфон, радиоприемник, магнитофон, фото или видеокамеру.

(3) Любые зажигалки у туристов конфискуют на выезде. Вы сможете ввезти дорогую зажигалку в Китай, но вывезти обратно уже не получится.

(4) В 2018 г. число поездок китайских туристов, прибывших в страну по безвизовому каналу, впервые превысило отметку в 1 миллион, одновременно растёт число индивидуальных путешественников из КНР.

(5) Все потерянные в аэропорту вещи передают в службу Lost&Found.

(6) Туристический поток на Северный Кавказ, составивший по итогам 2018 года 1,5 млн человек, может быть увеличен к 2024 году в три раза благодаря реализации мероприятий в рамках Стратегии развития внутреннего и въездного туризма в Северный кавказский федеральный округ на период до 2035 года.

СЛОВАРЬ УРОКА

аромат 芳香
беспошлинный 免税的
бренд 品牌
въездной 进入的
глыба 大块
горный 山（地）的
длиться – продлиться 持续，延长
замок 城堡
инструктор 教练
континентальный 大陆（性）的
критерий 标准
мастерить – смастерить *что*（手工）制作
металлический 金属的
мини-водопад 规模不大的瀑布
наслаждение 快乐，享受
онлайн-туризм 在线旅游

пиковый 顶峰的
подружиться с кем (*сов.*) 与（谁）交朋友
познаваться (*несов.*) 认识，认知
презентовать что (*несов. и сов.*) 介绍，推介
прибыль (*ж.*) 赚头，盈余
приграничный 边境上的
пункт 地点
радуга 虹；光谱
рассеиваться – рассеяться 消散
сервис 服务
сосулька 冰柱
сужаться – сузиться 变得狭窄
тематический 题目的，主题的
участок（表层或长度的）一段，一块
формироваться – сформироваться 成（某种形状）；形成

Имена собственные

водопад Хукоу 壶口瀑布
Ганьсу (*неизм.*) 甘肃
Казахстан 哈萨克斯坦
Коломна 科洛姆纳
Район Цзючжайгоу 九寨沟景区
Сиань (*м.р.*) 西安
Сучжоу (*неизм.*) 苏州

Терракотовая армия 兵马俑
Тибетский автономный район 西藏自治区
Тулоу (*неизм.*) 土楼
Украина 乌克兰
Ханчжоу (*неизм.*) 杭州
Храм неба 天坛
Цинхай 青海

Ключи

УРОК 1   Всемирный день туризма

Задание 3

(1) масса ежедневных проблем

(2) сохранение психологического комфорта

(3) выбраться из ежедневной будничной суеты

(4) персонал гостиничных комплексов

(5) освещение вклада в экономику

(6) приурочить что к концу чего

(7) слёты туристов

(8) время от времени

(9) образ жизни

Задание 5

(1) Всемирная туристская организация и другие международные организации внесли большой вклад в развитие туризма во всём мире.

(2) События, которые произошли в мире туризма, получают освещение в специальных журналах.

(3) Состоявшийся вчера концерт детских художественных коллективов был приурочен к Всемирному дню туризма.

(4) В наши дни туристические слёты и соревнования стали настоящим праздником для любителей путешествий.

Задание 6

(1) 户外休闲服   туристская одежда

(2) 旅游公司   туристическая фирма

(3) 旅游季   туристический сезон

(4) 旅游基地   туристская база

(5) 提供旅游服务   оказывать туристические услуги

(6) 举办旅游节   устроить туристский праздник

(7) 徒步旅行   отправиться в туристский, туристический поход

(8) 办旅游签证   оформить туристическую визу

(9) 旅游营地   туристский лагерь

(10) 旅游公司   туристическое агентство

(11) 野营帐篷   туристская палатка

(12) 旅游巴士　туристический автобус

(13) 旅游团　туристическая группа

(14) 购买旅游装备　приобрести туристское снаряжение

(15) 旅游线路　туристический маршрут

(16) 旅行　туристическая поездка

(17) 旅游鞋　туристская обувь

(18) 从事旅游业务　заниматься туристическим бизнесом

(19) 旅游集会活动　туристский слёт

(20) 舒适的房间　комфортабельный номер

(21) 舒适的气候　комфортный климат

(22) 舒适的衣服　комфортная одежда

(23) 舒适的住所　комфортабельное жильё

(24) 舒适的行程　комфортная поездка

(25) 舒适的运动馆　комфортабельный спортивный зал

(26) 在舒适的环境中　оказаться в комфортной обстановке

(27) 住在舒适的酒店　жить в комфортабельной гостинице

(28) 舒适的飞行　комфортный перелёт

(29) 舒适的水上旅游　комфортный круиз

(30) 舒适的巴士　комфортабельный автобус

(31) 舒适的旅行　комфортное путешествие

(32) 创造舒适的休息条件　создать комфортные условия для отдыха

Задание 7

(1) 12, 3, 4, 6, 8, 7, 9, 10

(2) 11, 1, 5, 7, 9, 10, 6, 8

(3) 1, 3, 5, 4, 2, 9, 12, 11

(4) 08.03, 23.02, 01.06, 09.05, 04.11, 01.10, 25.12

(5) 07.01, 01.05, 12.04, 06.06, 25.01, 01.04, 12.06

(6) 22.08, 05.10, 28.07, 27.09, 24.05, 27.06, 01.09

(7) 1979, 1983, 2003, 2017, 1980, 1990, 1900, 1907, 2000, 2001

(8) 2008, 2010, 2009, 1912, 1919, 2015, 2017, 987, 988, 1961

(9) 1861, 1703, 1712, 1719, 1905, 1917, 1799, 1837, 1814, 1841

(10) 1828, 1910, 1952, 2012, 1922, 1907, 1985, 1895, 1859, 1242

(11) 1147, 1237, 1380, 1240, 1666, 1773, 1808, 1891, 1924, 1941

(12) 1945, 1991, 2003, 1817, 1719, 1700, 1900, 1903, 1565, 1136

(13) 1903, 1565, 1136, 1828, 1910, 1952, 2012, 1922, 1859, 1242

(14) 1773, 1808, 1891, 1924, 1941, 1979, 1983, 2003, 1907, 2000

(15) 2015, 2017, 987, 988, 1965, 2008, 2010, 2009, 1919, 1912

(16) 1945, 1991, 2003, 1817, 1719, 1700, 1900, 1905, 1985, 1895

(17) 1861, 1703, 1712, 1719, 1906, 1917, 1799, 1837, 1814, 1841

(18) 1147, 1237, 1380, 1240, 1666, 2017, 1980, 1990, 1800, 2001

Задание 8

(1) 1979 году
(2) 27 сентября
(3) 1980 году
(4) 1983 года
(5) 1975 году
(6) 1983 году
(7) 2003 году
(8) 22-я
(9) 11, 16 сентября

Задание 10

3.

Сегодня Всемирный день туризма. Этому празднику уже более 30 лет (более тридцати лет). Эх, как хотелось бы отметить его поездкой в какую-нибудь тёплую страну. Да и не тёплую, вообще в какое-нибудь красивое место. Но раз не сложилось, будет приятно просто поговорить о путешествиях.

В официальных документах говорится, что целью этого праздника является пропаганда туризма, освещение его вклада в экономику мирового сообщества, развитие связей между народами разных стран. Но по большому счёту мы думаем, что это день любого, кто хоть раз ощутил себя настоящим путешественником, не важно, уехали вы за 10 тысяч километров или просто выбрались на природу. Ну и, конечно, это профессиональный праздник всех тех, кто работает в сфере туризма.

Задание 13

1980, 1983, 1984, 1990, 1991, 1993, 1994, 1996, 1998, 1999, 2000, 2001, 2004, 2005, 2008, 2009, 2012, 2013, 2014, 2016

Задание 16

(1) Каждый из нас любит путешествовать.

(2) Темп современной жизни является таким напряжённым, общество ставит перед людьми так много проблем, что просто необходимо иногда менять обстановку.

Задание 17

(1) бджт
(2) вклд
(3) ведь
(4) вбрться
(5) гсдрство
(6) тот
(7) дхд
(8) сттья
(9) дхда
(10) двз
(11) мрпртие
(12) освщние
(13) поле
(14) прснл
(15) так
(16) плшрие
(17) лес
(18) прурчн
(19) првзглшает
(20) слёт
(21) сбщство
(22) стрна
(23) сфра

Задание 18

(1) сврмн
(2) мсв
(3) сбствн
(4) птшствнк
(5) прфснльно
(6) обществн
(7) клктв
(8) учрждн
(9) асмблея

Задание 19

(1) сврмн общство
(2) еждннвн прблмы
(3) псхлгчск кмфрт
(4) мжднрдн прзднк
(5) бднчн суета
(6) трстчск бзнс
(7) трстчск кмпния
(8) мзйн рбтнк
(9) гстнчн кмплкс
(10) кмфртн и бзпсн отдых
(11) мрв сбщство
(12) Всмрн день трзма
(13) трстчск сзн
(14) Сврн плшрие
(15) Южн плшрие
(16) прзднчн мрпртия
(17) кждй год
(18) нв двз
(19) вжн стья дхда
(20) мсв трзм

Задание 20

(1) ООН
(2) СБ ООН
(3) ГА
(4) ГА ООН
(5) ВТО
(6) ЮНВТО
(7) ВОЗ
(8) ЮНЕСКО

УРОК 2   Виды туризма

Задание 1

1.

(1) 1300, 1500, 2000, 2001, 1861, 1721, 2015, 1987, 1677, 1766

(2) 1908, 2014, 1703, 1843, 1729, 1345, 1490, 1147, 1564, 1582

(3) 1654, 1712, 1812, 1820, 1825, 2030, 1904, 1965, 1762, 1861

Задание 2

1.

(1) 1980.06.27, 1709.07.25, 1939.09.01, 2017.10.11

(2) 1812.11.12, 1860.12.29, 1370.08.08, 1960.05.01

(3) 1941.04.22, 1944.03.17, 1612.02.03, 1400.01.05

2.

(1) 1533 – 1584, 1700 – 1740, 1924 –1953, 1598 – 1605

(2) 1796 – 1801, 1950 – 1964, 1605 – 1606, 1801 – 1825

(3) 1964 – 1982, 1820 – 1855, 1991– 1999, 2000 – 2008

Задание 3

(1) путешествовать по стране   周游全国

(2) сотрудник туристической компании   旅行社工作人员

(3) 从每天的生活琐事中抽出时间   выбраться из ежедневной будничной суеты

(4) Всемирный день туризма   世界旅游日

(5) девиз праздника   节日主题

(6) 旅游集会活动   слёты туристов

(7) *кто* занят в сфере туристического бизнеса   ……从事旅游业务

(8) музейный работник   博物馆工作人员

(9) 提出大量的日常问题   ставить массу ежедневных проблем

(10) праздник отмечается ежегодно   每年庆祝节日

(11) образ жизни людей   人们的生活方式

(12) 保持良好的心理状态   сохранение психологического комфорта

(13) расширять кругозор *кого*   开阔视野

(14) давать *кому* знание о культуре *кого*   给……传授文化知识

(15) Генеральная Ассамблея ЮНВТО   联合国世界旅游组织全体大会

(16) учредить праздник   设立节日

(17) 阐释对经济的贡献   освещение вклада в *экономику*

(18) пропаганда туризма   推广旅游

(19) развитие связей между народами разных стран   加强各国人民之间的联系

(20) 正赶上……的结束   приурочить к концу *чего*

(21) современное общество   现代社会

(22) важная статья дохода бюджета   重要的预算收入项目

(23) 酒店的工作人员   персонал гостиничных комплексов

(24) вступить в ЮНВТО   加入联合国世界旅游组织

(25) председатель Исполнительного комитета   执行委员会主席

(26) безопасный туризм   安全旅游

(27) туристическая виза   旅游签证

(28) комфортабельное жильё   舒适的住所

(29) 酒店舒适的房间   комфортабельный номер в гостинице

(30) 偶尔改变一下环境   время от времени менять обстановку

(31) известный путешественник   著名旅行家

(32) 购买旅游装备   приобрести туристское снаряжение

(33) 野营帐篷   туристическая; туристская палатка

(34) комфортный перелёт   舒适的飞行

Задание 4

(1) Впервые Всемирный день туризма отмечался 27 сентября 1980 года (двадцать седьмого сентября тысяча девятьсот восьмидесятого года). Этот праздник приурочен к концу туристического сезона в Северном полушарии и к его началу в Южном.

(2) 22-я сессия Генеральной ассамблеи ЮНВТО проходила с 11 по 16 сентября 2017 года (с одиннадцатого по шестнадцатое сентября две тысячи семнадцатого года) в китайском городе Чэнду. Следующая сессия пройдёт в России в Санкт-Петербурге в 2019 году (в две тысячи девятнадцатом году).

(3) Всемирная туристская организация (ЮНВТО) – это ведущая международная организация в сфере туризма, учреждённая ООН. В неё входят более 150 (более ста пятидесяти) стран.

Задание 5

(1) Всемирный день туризма – это праздник туристов и тех, кто занят в сфере туристического бизнеса. Он был утверждён ЮНВТО.

(2) 27 сентября 1970-ого года Международным союзом официальных туристских организаций в Мехико на (или: во время) чрезвычайной сессии Генеральной ассамблеи был утверждён (или: принят) устав ЮНВТО.

(3) Всемирный день туризма был учреждён на 3-ей сессии Генеральной ассамблеи ЮНВТО в сентябре 1979-ого года в память об этом дне.

(4) Цель Всемирного дня туризма заключается в развитии туризма, содействии укреплению международных связей в области культуры, искусства, экономики и торговли между народами разных стран мира, углублении взаимопонимания и содействии прогрессу общества.

Задание 6

Текст:

В России существуют следующие виды туризма: пляжный, культурно-познавательный, деловой, спортивный, оздоровительный, круизный, сельский, экологический, событийный, паломнический.

Доля пляжного туризма самая большая. Пляжный туризм занимает 38% внутреннего туристического туристского рынка России. Затем следует культурно-познавательный туризм. Культурно-познавательный туризм занимает 20% внутреннего туристического рынка России. После него идёт деловой, или бизнес-туризм. Деловой туризм занимает 18% внутреннего туристического рынка России.

Восемь процентов внутреннего туристического рынка России занимает спортивный туризм. Он включает в себя экстремальный туризм, горнолыжный туризм, беговой туризм в горах, дайвинг-туризм и так далее. Семь процентов туристического рынка России занимает оздоровительный туризм. Три процента – круизный туризм, два процента – сельский.

Остальные виды туризма: экологический, событийный и паломнический, – занимают каждый по одному проценту внутреннего туристического рынка России.

Задание 11

(1) виды туризма
(2) беговой туризм в горах, кулинарный туризм, туризм активный, экстремальный туризм
(3) экотуризм, наблюдение за птицами

Задание 13

(1) внутренний туризм
(2) международный туризм
(3) национальный туризм
(4) выездной туризм
(5) въездной туризм
(6) (культурно-) познавательный туризм
(7) лечебно-оздоровительный туризм
(8) пляжный туризм
(9) туризм с целью посещения родственников и друзей
(10) экотуризм
(11) организованный туризм
(12) индивидуальный туризм
(13) пеший туризм
(14) молодёжный туризм
(15) туризм для людей пожилого возраста
(16) образовательный туризм
(17) краткосрочная поездка
(18) авиатуризм
(19) путешествие автостопом
(20) морской круиз
(21) паломнический туризм
(22) горнолыжный туризм
(23) экстремальный туризм
(24) сельский туризм (агротуризм)
(25) деловая поездка
(26) велотуризм
(27) автотуризм
(28) автобусный тур
(29) событийный туризм
(30) кулинарный (гастрономический) туризм
(31) спортивно-оздоровительный туризм

Задание 14

Текст:

70-я Генеральная Ассамблея Организации Объединённых Наций объявила 2017 год Международным годом устойчивого туризма в интересах развития.

Мы поговорили с Генеральным секретарём Всемирной туристской организации Талебом Рифаи об ответственном туризме и о том, что можно сделать для лучшего и более устойчивого будущего.

Корреспондент: Что вы можете сказать о современном туристическом секторе?

Генеральный секретарь ЮНВТО: В последние годы туристический сектор показал, что он может стимулировать экономическое развитие и помогать создавать новые рабочие места. Современный туризм — это важная отрасль, которая составляет 10 процентов мирового ВВП и 7 процентов мировой торговли. На ее долю также приходится одно из 10 рабочих мест в мире. Около 1,2 миллиарда человек ежегодно путешествуют и пересекают границы. Благодаря этому туризм стал средством диалога культур, социальной интеграции, мира и устойчивого развития

Задание 16

(1) экологический парк → экопарк

(2) гонки на мотоциклах → мотогонки

(3) гонки на автомобилях → автогонки

(4) экологический туризм → экотуризм

(5) туристическое агентство → турагентство

(6) автомобильная стоянка → автостоянка

(7) билет на самолёт → авиабилет

(8) авиационная компания → авиакомпания

(9) туристический оператор → туроператор

(10) туристическая фирма → турфирма

(11) автобусный вокзал → автовокзал

(12) велосипедная дорожка → велодорожка

(13) туристический продукт → турпродукт

(14) экологическая тропа → экотропа

Задание 17

(1) турпутёвка → туристская путёвка   旅行证

(2) мотодром → мотоциклетный дром   摩托车竞赛场地

(3) авиакасса → авиационная касса   民航机票代办处

(4) экосад → экологический сад   生态园

(5) велотренажёр → велосипедный тренажёр   健身车

(6) турслёт → туристический слёт   旅游集会活动

(7) мототуризм → мотоциклетный туризм   骑摩托车旅行

(8) авиаперелёт → авиационный перелёт   坐飞机旅行

(9) автотуризм → автомобильный туризм　　开车旅行

(10) экосистема → экологическая система　　生态系统

(11) турпоход → туристский поход　　徒步旅行

(12) автостоп → автомобильный стоп　　搭便车旅游

(13) автостанция → автобусная станция　　公交车站

Задание 19

(1)

Всемирный день туризма

　　　　　　　　отмечается　　в России

　　　　　　　　　　　　　　　с 1983 года

(2)

Китай

　вступил　во Всемирную туристскую организацию

　　　　　　в 1983 году

(3)

Одна из стран ЮНВТО

　　　　　　становится　　　　председателем ее Исполнительного комитета

　　　　　　　　　　　　　　　каждый год

(4)

Россия

　была председателем　　　　Исполнительного комитета ЮНВТО

　　　　　　　　　　　　　　в 2003 году

(5)

22-я сессия Генеральной ассамблеи ЮНВТО

　　　　　　　　　　прошла　　с 11.09.2017 по 16.09.2017

　　　　　　　　　　　　　　　в китайском городе Чэнду

Задание 20

(1) Счс трзм явлтс однм из вжн сктров мрв экнмки. (Сейчас туризм является одним из важных секторов мировой экономики.)

(2) Сктр трзма сствлет 10% мрв ВВП. (Сектор туризма составляет 10% мирового валового внутреннего продукта.)

(3) Для нктр стран трзм явлтс оснвн сттьей дхда бджта гсдрства. (Для некоторых стран туризм является основной статьей дохода бюджета государства.)

(4) Актвно рзввтс как внтрн, так и мжднардн трзм. (Активно развивается как внутренний, так и международный туризм.)

(5) Чсло мжднрдн трстчскх пздк в пслдн годы увлчлсь. (Число международных туристических поездок в последние годы увеличилось.)

Задание 21

(1) КНР	(4) ООН	(7) ГА ООН	(10) ВОЗ
(2) ВТО	(5) СБ ООН	(8) РФ	(11) ЮНЕСКО
(3) ЮНВТО	(6) ГА	(9) ВВП	(12) СМИ

Задание 22

(1) международный **дип**	(8) государство □	(15) территория □
(2) приказывать **,,**	(9) сообщать **,,**	(16) представитель △
(3) переговоры ⊙	(10) жизнь **Ж**	(17) посол △
(4) страна □	(11) говорить **,,**	(18) дипломат **дип**
(5) обсуждение ⊙	(12) составлять **=**	(19) заявлять **,,**
(6) конференция ⊙	(13) беседа ⑩	(20) делегат △
(7) являться **=**	(14) развитие ∿	(21) быть **=**

Задание 23

(1) граница
(2) земной шар, весь мир; всесторонний
(3) помощь (поддержка)
(4) китаец
(5) народ (нация)
(6) цель (задача)
(7) вопрос
(8) 50 человек
(9) человечество
(10) создать, строить
(11) закрытие; завершение, заканчивать; меньше
(12) сотрудничество, соглашение, солидарность
(13) руководитель (глава)
(14) открытие (начинать; больше)

УРОК 3　Международный туризм

Задание 1

(1) 06.04.1896 – 15.04.1896, 20.04.1920 – 12.09.1920, 26.10.1945 – 01.02.1946
(2) 20.05.1900 – 28.10.1900, 04.05.1924 – 27.05.1924, 02.02.1946 – 10.11.1952
(3) 01.06.1904 – 23.11.1904, 17.05.1928 – 12.08.1928, 10.04.1953 – 18.09.1961
(4) 27.04.1908 – 31.10.1908, 30.07.1932 – 14.08.1932, 30.11.1961 – 01.12.1972
(5) 05.05.1912 – 22.06.1912, 01.08.1936 – 16.08.1936, 01.01.1972 – 01.01.1982
(6) 12.10.2018, 09.01.1905, 12.04.1961, 15.10.2003, 06.06.1799
(7) 15.10.1814, 05.08.1844, 09.09.1828, 09.07.1934, 24.05.1940
(8) 22.07.1941, 09.05.1945, 07.11.1917, 12.12.1993, 15.07.2021
(9) 1700 – 1721, 1762 – 1796, 1768 – 1774, 1904 – 1905, 1905 – 1907
(10) 1914 – 1918, 1125 – 1157, 1533 – 1583, 1855 – 1881, 1917 – 1924
(11) 1985 – 1991, 1991 – 2000, 1917 – 1923, 1946 – 1991, 1941 – 1945

Задание 2

(1) 3, 6, 7, 71, 27, 68, 2, 12, 19, 13
(2) 9, 18, 14, 0, 4, 49, 16, 61, 5, 10
(3) 15, 51, 45, 8, 1, 21, 32, 23, 53, 42
(4) 34, 43, 72, 27, 36, 55, 28, 57, 79, 22
(5) 11, 24, 33, 69, 59, 26, 62, 29, 35, 50
(6) 31, 25, 37, 60, 56, 40, 41, 52, 44, 46
(7) 47, 74, 30, 54, 73, 38, 78, 75, 58, 20
(8) 39, 48, 63, 65, 76, 66, 77, 67, 70, 80

Задание 3

(1) внутренний туризм　国内旅游
(2) международный туризм　国际旅游
(3) выездной туризм　出境旅游
(4) въездной туризм　入境旅游
(5) 文化体验旅游　культурно-познавательный туризм
(6) лечебно-оздоровительный туризм　医疗保健旅游
(7) пляжный туризм　滨海沙滩旅游
(8) 探亲访友类旅游　туризм с целью посещения родственников и друзей
(9) экотуризм　生态旅游
(10) 跟团旅游　организованный туризм
(11) индивидуальный туризм　个人旅游
(12) 徒步旅游　пеший туризм
(13) молодёжный туризм　青年旅游
(14) туризм для людей пожилого возраста　老年旅游
(15) образовательный туризм　教育旅游

(16) краткосрочная поездка　短期旅游

(17) авиатуризм　太空旅游

(18) путешествие автостопом　搭便车旅游

(19) 邮轮旅游　морской круиз

(20) 朝圣旅游　паломнический туризм

(21) горнолыжный туризм　山地滑雪旅游

(22) экстремальный туризм　极端环境下的旅游

(23) сельский туризм　乡村旅游

(24) деловая поездка　商务旅行

(25) велотуризм　骑自行车旅游

(26) автотуризм　自驾旅游

(27) автобусный тур　巴士观光旅游

(28) 事件旅游　событийный туризм

(29) кулинарный（гастрономический）туризм　美食旅游

(30) спортивно-оздоровительный туризм　体育健康旅游

Задание 4

(1) 目前，中国旅游业是发展水平很高的一个经济领域。
В настоящее время туризм в Китае – это отрасль экономики, которая достигла высокого уровня развития.

(2) 随着经济的发展，中国已经成为世界各国游客最喜爱的旅游目的地之一。
С развитием экономики Китай стал одним из самых популярных туристических направлений для туристов со всего мира.

(3) 然而，无论是国际旅游，还是国内旅游，在中国都取得了发展。
Однако в Китае развит не только международный, но и внутренний туризм.

(4) 旅游的主要形式有乡村旅游、文化体验旅游、美食旅游、购物旅游、自驾旅游、滨海沙滩旅游、疗养旅游、生态旅游、山地滑雪旅游、商务旅行、体育健康旅游等。
Сельский туризм, культурно-познавательный туризм, кулинарный (гастрономический) туризм,шоппинг-туризм, автотуризм,пляжный туризм, лечебно-оздоровительный (или: медицинский) туризм, экологический туризм, горнолыжный туризм, деловой туризм, спортивно-оздоровительный туризм и др. являются ссновными видами туризма.

(5) 在中国文化体验旅游方兴未艾。博物馆逐渐成为想了解旅游目的地文化底蕴的游客的热门打卡地。
Развивается и культурно-познавательный туризм в Китае. Музеи становятся все более популярными местами для знакомства туристов с культурным наследием туристических направлений. (Музеи становятся все более популярными обязательными для посещения местами для знакомства туристов с культурным наследием туристических направлений.)

(6) 中国的经济在飞速发展，组织到中国参展的商务旅游热度逐年增加。
Экономика Поднебесной развивается стремительными темпами, поэтому деловые туры на выставки в Китай с каждым годом вызывают всё больший интерес.

(7) 近年来，滨海沙滩旅游很受中外游客的青睐，中国主要的潜水地所在地——海南，是滨海沙滩旅游的胜地。

Особой популярностью у граждан КНР и гостей страны в последние годы пользуется пляжный туризм. Основным центром пляжного туризма стал остров Хайнань, который также является основным местом для дайвинга в Китае.

(8) 最近中国正在积极发展红色旅游，参观革命军事圣地就是其中的一种。

В последнее время Китай также активно развивает «красный туризм», одним является посещение мест воинской и революционной славы.

Задание 5

(1) 世界旅游组织秘书长 Генеральный секретарь ЮНВТО
(2) 当地人 местные жители
(3) 国家财政主要收入项目 основная статья дохода государства
(4) 超过全球国内生产总值（GDP）总量的25% свыше 25% глобального ВВП
(5) 为国际社会创收 приносить доходы общинам, странам и сообществам
(6) 保存文化和历史遗产 сохранять культурное и историческое наследие
(7) 在全球化和城市化时代 в эпоху глобализации и урбанизации
(8) 旅游产业 туристическая (туристская) индустрия
(9) 参加会议 принимать участие в конференции
(10) 根据世界旅游组织的预测 согласно прогнозам ЮНВТО
(11) 旅游业的总收入 объем доходов туристической отрасли
(12) 文化和旅游部部长 министр культуры и туризма
(13) 出口化工产品和燃料 экспорт продукции химической промышленности и топлива
(14) 私营部门和民间团体的代表 представители частного сектора и гражданского общества
(15) 越过国境 пересекать – пересечь государственную границу
(16) 地球居民 житель планеты
(17) 超过 свыше чего
(18) 出口项目 статья экспорта
(19) 出口总额 объём экспорта

Задание 6

	Цифры	К чему относятся цифры
(1)	1 миллиард 200 миллионов	человек (пересекли государственные границы в прошлом году)
(2)	(каждый) шестой	житель планеты (пересёк государственную границу в прошлом году)
(3)	свыше 3 миллиардов	долларов (ежедневно тратят туристы)
(4)	(каждое) десятое	рабочее место в мире (обеспечивает туристическая индустрия)
(5)	более 10	процентов глобального ВВП (обеспечивает/дает/приносит туристическая индустрия)

续表

	Цифры	К чему относятся цифры
(6)	третью	по объемам статью экспорта (составляет туризм)
(7)	к 2030	году (ежегодное число туристов увеличится)
(8)	до 1 миллиарда 800 миллионов	человек (увеличится ежегодное число туристов)
(9)	вторая	конференция, (организованная совместно ЮНЕСКО и Всемирной туристской организацией)

Задание 7

Текст

Один миллиард 200 миллионов человек пересекли государственные границы в прошлом году, а это каждый шестой житель планеты. Об этом заявил Генеральный секретарь Всемирной туристской организации Талеб Рифаи, выступая на открытии Конференции по туризму и культуре. Она началась сегодня в оманском Маскате.

«Туризм приносит огромные доходы общинам, странам и сообществам. Ежедневно туристы тратят свыше 3 (трёх) миллиардов долларов. Туристическая индустрия обеспечивает каждое десятое рабочее место в мире и более 10 (десяти) процентов глобального ВВП. Туризм составляет третью по объемам статью экспорта после продукции химической промышленности и топлива. Согласно прогнозам Всемирной туристской организации, к 2030 году (к две тысячи тридцатому году) ежегодное число туристов увеличится до 1 (одного) миллиарда 800 (восьмисот) миллионов человек».

Это вторая конференция, организованная совместно ЮНЕСКО и Всемирной туристской организацией. В ее работе принимают участие министры культуры и туризма из многих стран мира, а также представители частного сектора и гражданского общества. Они обсуждают, как в эпоху урбанизации и глобализации сохранить историческое наследие народов, чтобы сделать культурный туризм еще более привлекательным.

Задание 8

Текст

– Майя Ломидзе, исполнительный директор Ассоциации туроператоров России сегодня в нашей студии. Здравствуйте, Майя!

Сегодня мы говорим о туризме в Сибирь, в регионы Сибири и Дальнего Востока. Есть, насколько я знаю, несколько наиболее перспективных видов туризма и отдыха в Сибири. Это экологический и эколого-этнографический туризм, конгрессный и деловой туризм, событийный и культурный, а также спортивный и экстремальный. Какой из этих видов сегодня мы с вами будем разбирать?

– Наверное, пожалуй, все, кроме делового и конгрессного, потому что он такой специфический, немассовый и все-таки не для прямого потребителя.

– Хорошо. Итак, давайте начнем с того, что из себя представляет Сибирь? Ну, о ней существует немало мифов. Прежде всего, в Сибири очень холодно. Очень холодно... Об этом известно еще со времён Нерчинска, со времён декабристов. XIX век... Какая же ужасная страна эта Сибирь! Во-вторых, он очень далеко от Европы. В-третьих, там, пожалуй, можно лишь заниматься тем, что охотиться и рыбачить? Что ещё? И что из этих мифов неверно?

Задание 9

2.

(1) 在中俄地方合作交流年开幕之际
(2) 全面战略协作伙伴关系
(3) 双方合作范围持续拓展
(4) 启动
(5) 国家主题年
(6) 投资推介会
(7) 艺术节
(8) 考察
(9) 世博会
(10) 落实各领域多项富有前景的倡议
(11) 开发巨大潜能
(12) 区域合作

Задание 10

Текст 1

为普及旅游理念，阐明旅游的作用和意义，促进世界旅游业的发展，自1980年起，世界旅游组织每年都会确定一个世界旅游日的主题。

С целью популяризации туризма, освещения значения и роли туризма и содействия развитию мирового туристического бизнеса с 1980 года (с тысяча девятьсот восьмидесятого года) каждый год Всемирная туристская организация определяет тему праздника (провозглашает девиз праздника).

Текст 2

各国旅游组织根据每年的主题举办各类庆祝活动，如发行邮票、举办明信片展览、开发新的旅游路线、推介新的世界旅游景点等。

Национальные туристические (туристские) организации каждой страны ежегодно (каждый год) организуют (проводят) различные праздничные мероприятия по определенной теме (под определенным девизом; под тем или иным девизом), например (такие как), выпуск марок, выставки открыток, разработку и создание новых туристических маршрутов, презентацию новых туристических мест и т. д.

Текст 3

中国于1983年正式成为世界旅游组织成员。自1985年起，中国每年都确定一个省、自治区或直辖市为世界旅游日庆祝活动的主办地。

В 1983 году (в тысяча девятьсот восемьдесят третьем году) Китай официально стал членом Всемирной туристской организации. Начиная с 1985 года (с тысяча девятьсот восемьдесят пятого года), каждый год выбирается одна провинция, автономный район или город центрального подчинения в качестве основного места проведения праздничных мероприятий по случаю Всемирного дня туризма.

Задание 11

1. 提供服务，提供旅游产品
   предоставление *чего*
2. 指望……；依靠……
   делать-сделать ставку *на что*
3. 吸引游客去……
   привлечение *кого куда*
4. 把公司的产品推广到俄罗斯市场
   продвижение *чего куда*
5. 简化办签证的手续/流程
   облегчение *чего*
6. 增加入境游客量
   увеличение *чего*
7. 面向客户需求
   ориентация *на что*
8. 符合预期目标
   соответствие *чему*

Задание 12

Текст:

Один из организаторов российско-китайского форума исполнительный директор «Мира без границ» Светлана Пятихатка сформулировала несколько основных пунктов, на которые нужно делать ставку, чтобы привлечь туристов из Китая:

«Первое – это уникальность. Уникальность самого региона и уникальность тех турпродуктов, которые они пред(о)ставляют на туристический рынок Китая.

Это, безусловно, мероприятия по продвижению в Китае. Продвижение, как в классических мероприятиях (выставки, роуд-шоу, издание полиграфической продукции), так и современные технологии... Это продвижение в интернет-пространстве. Это продвижение в социальных сетях китайских. Это другие инструменты современные, которые собственно вот возникают каждый день новые, новые, поэтому за этим надо, безусловно, следить.

Третий фактор – это визовые формальности, и в частности, в России мы наблюдаем наибольший спрос у групповых туристов, которые въезжают в Россию. Если смотреть в качественном составе, это около 60% от общего въездного потока и около 80% от тех, кто въезжает с туристическими целями. Безусловно, визовые формальности являются таким мощным стимулом, который позволяет увеличить рост въездного потока не только из Китая, но и из любой другой страны.

И ещё один фактор – это клиентоориентированность. И, безусловно, на китайском рынке здесь помогает программа «China Friendly», которая помогает и регионам, и объектам туристического сервиса быть ориентированным на своего конкретно клиента, на китайского клиента, хорошо его понимать, знать его потребности и соответствовать его ожиданиям».

Задание 15

(1) Посетите национальные парки и заповедники России!

(2) Познакомьтесь с ее живописной природой!

(3) Полюбуйтесь на редких животных и птиц в их естественной среде обитания!

(4) Познайте все возможности активного отдыха и экстремального туризма!

(5) Отправьтесь на охоту и рыбалку в уникальные места!

(6) Путешествуйте по морям, рекам и озёрам огромной страны!

(7) Побывайте в огромных мегаполисах, индустриальных центрах, небольших исторических городах!

(8) Познакомьтесь с людьми России и их выдающимися достижениями!

(9) Изучайте историю с древнейших времён до наших дней!

(10) Откройте для себя многообразный мир культуры и традиций разных народов!

(11) Вдохновитесь богатейшим культурным наследием и современным искусством!

(12) Прикоснитесь к духовным ценностям многоконфессиональной страны!

(13) Узнайте секреты приготовления блюд народов России!

(14) Узнайте больше о современной науке и технологиях!

(15) Получите полезную информацию о туристических и курортных местах, гостиницах, отелях и санаториях!

(16) Путешествуйте по России, не отходя от экрана телевизора, с телеканалом Russian Travel Guide!

Задание 16

Мы можем пропустить союз «и», так как «путешествуют и пересекают» и «стимулирует и помогает» – однородные члены предложения.

В предложении 2 союз «и» лучше оставить, чтобы различать группы однородных членов предложения: сотрудники туристических компаний, музейные работники, (руководители гостиничных комплексов и персонал гостиничных комплексов).

Задание 18

(1)

| млрд. | | | млн. | | | тыс. | | | |
十亿	亿	千万	百万	十万	万	千	百	十	个
					4	3	1	5	3
				5	4	9	8	0	0
			1	1	2	6	7	8	9
		7	6	5	8	0	9	2	0
	9	7	6	2	3	1	2	5	9
1	3	5	4	7	0	0	6	3	0

(2)

млрд.			млн.			тыс.			
十亿	亿	千万	百万	十万	万	千	百	十	个
					5	8	9	6	1
				3	2	7	0	9	3
			2	4	3	0	5	6	4
		7	8	2	0	0	0	0	0
	8	7	1	2	6	0	3	2	6
4	6	0	0	5	7	1	2	1	1

Задание 19

(1) в большинстве стран мира

(2) внутренний и международный туризм

(3) въездной и выездной туризм

(4) выбраться из ежедневной будничной суеты

(5) для людей пожилого возраста

(6) занят в сфере туристического бизнеса

(7) краткосрочный тур

(8) кулинарный туризм

(9) лечебно-оздоровительный туризм

(10) морской круиз

(11) обеспечивать комфортный и безопасный отдых

(12) организованная поездка

(13) освещать вклад туризма в экономику мирового сообщества

(14) поездка с целью посещения родственников и друзей

(15) познавательный туризм

(16) походы по экотропам

(17) праздничные мероприятия и фестивали

(18) приурочен к концу туристического сезона

(19) путешествовать автостопом

(20) слёт туристов

(21) учредить праздник

(22) являться важной статьёй дохода бюджета государства

Задание 20

(1) 20个国家的代表出席了国际会议。

(2) 代表团团长通知了谈判的时间。

(3) 国家间的合作正在发展。

(4) 这个国家的国土面积为61平方千米。

(5) 会晤是为了开启全球互动的对话。

(6) 俄罗斯是世界上领土面积最大的国家。

(7) 2017年，有12亿人出境旅游。

(8) 全国各地区的代表参加了讨论。

(9) 总统接受了电视台的采访。

УРОК 4   Годы туризма (Китай – Россия)

Задание 1

(1) 15.11.2000 – 19.12.2003

(2) 29.09.1952 – 30.09.1952

(3) 12.05.1800 – 19.08.1800

(4) 07.07.1909 – 08.08.1910

(5) 14.02.1965 – 19.10.1970

(6) 23.09.1961 – 12.12.1971

(7) 02.01.1924 – 25.06.1925

(8) 27.03.2006 – 11.11.2007

(9) 17.04.1900 – 21.07.1930

(10) 10.04.1200 – 30.12.1619

Задание 2

(1) 91, 107, 111, 119, 123, 128, 195

(2) 212, 914, 999, 334, 438, 567, 513

(3) 678, 867, 968, 542, 379, 737, 392

(4) 465, 486, 623, 161, 611, 617, 717

(5) 829, 712, 706, 239, 283, 313, 492

(6) 357, 735, 834, 887, 742, 761, 769

Задание 3

(1) ежегодное число туристов увеличится   游客数量逐年增加

(2) 革命军事圣地   места боевой (воинской) и революционной славы

(3) обеспечивать рабочие места   提供就业岗位

(4) Поднебесная   中国

(5) 飞速发展   стремительными темпами

(6) 购物游   шопинг-туризм

(7) 世界旅游组织秘书长   Генеральный секретарь ЮНВТО

(8) приносить доходы общинам, странам и сообществам   为国际社会创收

(9) 保存文化和历史遗产   сохранять культурное и историческое наследие

(10) 出口总额   объём экспорта

(11) 出口项目   статья экспорта

(12) экспорт продукции химической промышленности и топлива   出口化工产品和燃料

(13) принимать участие в конференции   参加会议

(14) 国家财政主要收入项目   основная статья дохода государства

(15) в эпоху глобализации и урбанизации   在全球化和城市化时代

(16) 地球居民   житель планеты

(17) 当地人   местный житель

(18) министр культуры и туризма   文化和旅游部部长

(19) объем доходов туристической отрасли   旅游业的总收入

(20) 旅游产业   туристическая индустрия

(21) согласно прогнозам ЮНВТО   根据世界旅游组织的预测

(22) 私营部门和民间团体的代表   представители частного сектора и гражданского общества

(23) свыше 3 миллиардов долларов   超过30亿美元

(24) 超过全球国内生产总值（GDP）总量的25%   свыше25% глобального ВВП

(25) пересекать-пересечь государственную границу   越过国境

Задание 4

(1) В 2021 году в России общий оборот туристической отрасли составит 2,5 трлн рублей, или 70% от доковидного уровня в 3,7 трлн рублей. Недополученные 1,2 трлн рублей – это не приехавшие к нам иностранные туристы.

2021年，俄罗斯旅游业总收入（总营业额）将达到2.5万亿卢布，降至疫情前水平的70%（3.7万亿卢布）。损失的1.2万亿卢布是外国游客的减少导致的。

(2) Это значит, что в прошлом году каждый шестой человек в мире побывал за границей.

这意味着去年全球每六个人中有一个人是出境游。

(3) Туризм приносит огромные доходы общинам, странам и сообществам.

旅游能够给国家、社会带来巨大收入。

(4) Ежедневно туристы тратят свыше 3 (трёх) миллиардов долларов.

每天游客消费超过30亿美元。

(5) Туристическая индустрия обеспечивает каждое десятое рабочее место в мире и более 10 (десяти) процентов глобального ВВП.

目前，全球每10个人中就有1人从事旅游业，旅游业还为全球国内生产总值（GDP）贡献了10%以上的份额。

(6) Туризм составляет третью по объемам статью экспорта после продукции химической промышленности и топлива.

旅游业是仅次于化工产品和燃料的第三大出口产业。

(7) К 2030 году (к две тысячи тридцатому году) ежегодное число туристов увеличится до 1 (одного) миллиарда 800 (восьмисот) миллионов человек.

到2030年，每年的游客人数将增加到18亿人。

Задание 5

Текст 1

旅游是不同国家、不同文化交流互鉴的重要渠道，是发展经济、增加就业的有效手段，旅游业也是提高人民生活水平的重要产业。

Текст 2

中国高度重视发展旅游业，旅游业对中国经济和就业的综合贡献率已超过10%。未来5年，中国将有7亿人次出境旅游[1]。

Текст 3

中国拥有悠久历史、灿烂文化、壮美山川、多样风情，我们热情欢迎各国旅游者来华观光度假。

Текст 4

世界旅游组织为推动全球旅游业发展、加强国际旅游交流合作发挥着积极作用。希望各国以这次会议为契机，共同推动全球旅游事业取得更大发展。

---

1 2017 年数据。

Задание 6

3.

(1) 欢迎中国朋友

(2) 启动汉语年

(3) 建立全面战略协作伙伴关系

(4) 具有特殊的地位

(5) 加强两国人民间的信任

(6) 形成广泛的民众和社会基础

(7) 推行大型项目

(8) 举行数百场生动、令人难忘的活动

(9) 引起民众的热烈反响

(10) 建立长效机制

(11) 符合时代的要求

(12) 扩大去对方国家旅游的地理范围

(13) 增进两国人民的相互了解

(14) 巩固特殊的战略关系

Задание 9

(1) Прочитать тысячу книг, пройти тысячу вёрст.

Читай десять тысяч томов книг, проходи десять тысяч дорог.

(2) Добрые отношения с соседями – богатство страны.

(3) Самая большая радость — это встреча с другом，приехавшим издалека.

Встретить друга, прибывшего издалека, разве это не радостно?

Нет предела радости, когда друг приехал издалека.

Задание 10

(1) От имени организатора и от себя лично приветствую вас на церемонии открытия торгового центра. (От имени организатора и от себя рад приветствовать вас на церемонии открытия торгового центра.)

(2) Желаю всем участникам и гостям успешной работы на ярмарке!

(3) Поздравляю всех с открытием нашей выставки.

(4) Я надеюсь, что оба наши университета будут идти рука об руку, чтобы вместе приложить силы во имя укрепления дружественных связей и всестороннего сотрудничества между народами наших стран.

(5) Пользуясь случаем, приглашаю всех присутствующих гостей посетить наш прекрасный город.

(6) Уважаемый господин председатель, уважаемые участники конференции (гости), дорогие друзья, коллеги, добрый день! Прежде всего, я хочу поблагодарить за предоставленную возможность выступить на этой конференции. Тема моего сегодняшнего выступления – Наиболее экологический вид транспорта.

(7) Китай и Россия являются странами с большими туристическими ресурсами, государствам необходимо углублять туристическое сотрудничество, способствовать тому, чтобы

Ключи

граждане двух стран наносили взаимные визиты.

Задание 12

(1) получать, вывозить, принимать, приём, импорт; выезд, выезжать; привлекать

(2) увеличить, повышать; увеличение, усиление, рост

(3) мне сказали

(4) ошибка, против, отрицать

(5) общий рынок

(6) помощь, поддержка

(7) сотрудничество, соглашение, солидарность

(8) правительство

(9) экономика, хозяйство

(10) передавать, ввозить, прибывать; ввоз, отправка, въезд, въезжать

(11) уменьшать, понизить; падение, уменьшение, сокращение

(12) Земной шар, весь мир; всесторонний

(13) удар, вмешательство

(14) совещание на высшем уровне

(15) взаимоотношения

(16) открытие; начинать;больше

(17) значение

(18) укрепить, усиливать

Задание 13

(1) завершение, заканчивать; меньше

(2) в будущем, после, завтра

(3) получать, вывозить, принимать, приём, импорт; выезд, выезжать; привлекать

(4) уменьшать, понизить; падение, уменьшение, сокращение

(5) ошибка, против, отрицать

(6) одобрение, уверенность

(7) движение, развитие, деятельность

(8) экономика, хозяйство

(9) Земной шар, весь мир; всесторонний

(10) открытие; начинать;больше

Задание 15

(1)

(2)

(3)

(4)

(5)

(6)

(7)

161

УРОК 5 Куда поехать в России и Китае?

Задание 1

	млрд. 十亿	亿	千万	млн. 百万	十万	万	тыс. 千	百	十	个
(1)						1	2	5	3	1
(2)						2	0	0	5	7
(3)					7	8	1	8	4	5
(4)					5	0	6	8	3	1
(5)				3	2	5	1	6	5	8
(6)				7	4	9	2	8	5	1
(7)			1	2	1	2	1	9	1	9
(8)			3	2	2	1	0	4	9	9
(9)		7	8	9	3	4	9	0	4	0
(10)		2	6	1	2	3	3	5	1	1
(11)	1	9	1	9	2	9	1	9	1	2
(12)	5	1	2	0	9	0	1	2	1	5

Задание 2

(1) приветствовать русских друзей　欢迎俄罗斯朋友

(2) провести сотни мероприятий　举行数百场活动

(3) 建立全面战略协作伙伴关系　приобрести характер всеобъемлющего и стратегического партнёрства

(4) открывать год русской культуры　开启俄罗斯文化年

(5) 建立长效机制　обрести постоянно действующий формат

(6) конкурс на знание русского языка　俄语知识竞赛

(7) 古老的医术　древнее искусство врачевания

(8) 热情好客的人民　гостеприимный народ

(9) регулярно проводить фестивали и конкурсы　定期举办各种联欢和比赛

(10) туристический обмен　旅游交流

(11) 引起民众的热烈反响　вызвать живой отклик граждан

(12) укреплять особые стратегические отношения　巩固特殊的战略关系

(13) второй по численности населения город Китая　人口数量在中国所有城市中位列第二

(14) 精致的菜肴　изысканная кухня

(15) 加强两国人民之间的信任　укреплять доверие между народами наших стран

(16) российско-китайские связи　中俄之间的联系

(17) 符合时代的要求　отвечать современным требованиям

(18) уникальные памятники истории　独一无二的历史古迹

(19) 生动、令人难忘的活动　яркие и запоминающиеся мероприятия

(20) 代表中国人民　от имени китайского народа

(21) 推行大规模项目　реализовать масштабные проекты

(22) бурно развивающиеся туристические центры　蓬勃发展的旅游地

(23) молодёжные спортивные игры　青年体育竞赛

(24) 形成广泛的民众和社会基础　формировать широкую гражданскую и общественную основу

(25) Кинонеделя　电影周

(26) 增进两国人民的相互了解　способствовать большему знанию граждан друг о друге

(27) межгосударственные отношения　国家间的关系

(28) 扩大去对方国家旅游的地理范围　расширить географию взаимных туристических поездок

(29) нет сомнений, что...　毫无疑问……

Задание 3

(1) Ровно три года назад мы с председателем КНР открывали Год китайского языка в России.
恰好是在三年前，我和中国国家主席共同启动了俄罗斯"汉语年"。

(2) Сегодня официально стартует Год китайского туризма в России.
今天，俄罗斯"中国旅游年"正式启动了。

(3) Российско-китайские связи носят характер всеобъемлющего и стратегического партнёрства.
中俄关系是全面战略协作伙伴关系。

(4) Гуманитарные связи занимают особое место в партнёрстве разных стран.
人文合作在国家间的伙伴关系中占有特殊地位。

(5) Китай и Россия совместно реализуют ряд масштабных проектов.
中俄两国共同推行一系列大型项目。

(6) Популярность нашей страны у иностранных туристов будет расти.
我国将更受外国游客的青睐。

(7) Это направление для иностранных туристов является одним из самых привлекательных.
对外国游客来说，这是最具吸引力的旅游目的地之一。

(8) За первые три месяца этого года в Санкт-Петербурге побывало более 25 тысяч туристов из Китая.
今年前3个月，有25 000多名中国游客来到圣彼得堡游览。

Задание 4

(1) Следует сравнить количество туристов, приезжающих в Россию из разных стран.

(2) Искренне рад приветствовать русских друзей в Пекине.

(3) В туристическом обмене с Китаем у нас ещё очень большие перспективы.

(4) Мы решили определить расширение нашего сотрудничества во всех сферах как ведущие направления дальнейшего развития наших отношений.

(5) Россия – туристическая держава. Здесь древняя история и блестящая культура, пользующаяся мировым признанием.

Россия – туристическая держава, страна с древней историей и блестящей (богатой) культурой, отличающаяся самобытностью и уникальностью.

(6) Сотрудничество с КНР в сфере туризма на сегодняшний день является одним из наиболее перспективных направлений для России.

Задание 5

(1) 1/2 – одна вторая
1/3 – одна третья
1/4 – одна четвёртая
1/5 – одна пятая
1/6 – одна шестая
1/7 – одна седьмая
1/8 – одна восьмая
1/9 – одна девятая
1/10 – одна десятая
1/12 – одна двенадцатая

(2) 2/3 – две третьих
3/4 – три четвёртых
3/5 – три пятых
3/7 – три седьмых
3/8 – три восьмых
3/10 – три десятых
2/5 – две пятых
2/7 – две седьмых

(3) 4/5 – четыре пятых
4/7 – четыре седьмых
4/9 – четыре девятых
7/8 – семь восьмых
7/9 – семь девятых
7/10 – семь десятых
3/100 – три сотых
1/1000 – одна тысячная
2/1000 – две тысячных

Задание 6

(1) Санкт-Петербург
(2) Карелия
(3) Мурманская область
(4) Дальний Восток
(5) Владивосток
(6) Хабаровск
(7) Южно-Сахалинск
(8) Петропавловск, Камчатский
(9) Приморский край
(10) Москва
(11) Тверь
(12) Мышкин
(13) Кострома
(14) Плёс
(15) Ярославль
(16) Калязин
(17) Сочи
(18) Сочи
(19) Сочи

Текст：

Текст 1

Природа дарит нам множество чудес. Чтобы ими насладиться, надо только оказаться в нужное время в нужном месте（在需要的时间出现在需要的地方）. Рейтинг таких нерукотворных явлений, составленный одной из российских туристических компаний, мы вам и предлагаем. Люди бесконечно долго готовы наслаждаться белыми ночами в Санкт-Петербурге, но те, правда, длятся всего месяц. Также не могут туристы никак насмотреться на красоту ледяного Байкала, кристально чистый лёд которого так любят фотографы. Ну и, конечно же, северное сияние, которое у нас можно увидеть в Карелии и Мурманской области.

Текст 2

Уже дней десять как на Дальнем Востоке идёт гастрономический фестиваль «На гребне!». С начала месяца и до 16 (шестнадцатого) июля рестораны нескольких приморских городов угощают гурманов дальневосточным гребешком, причём свежим, сервируемым прямо тут же из аквариума. Блюдо предлагают по специальной цене – 300 (триста) рублей за сет из трёх гребешков. Как пишет портал Дельта.ру, фестиваль проводится впервые и охватывает десятки ресторанов во Владивостоке, Хабаровске, Южно-Сахалинске и Петропавловске-Камчатском. Об этом рассказали в туристско-информационном центре Приморского края. Организаторы надеются, что фестиваль «На гребне!» получит массу положительных отзывов как у местных жителей, так и у гостей региона.

Текст 3

Туристическая индустрия поддерживает отечественного фермера. А выглядит такая поддержка в виде круиза, гости которого приглашаются на экофермы и многочисленные дегустации. Так называемый «Фермерский круиз» состоится в самый разгар сбора урожая, с 11 по 27 сентября (с одиннадцатого по двадцать седьмое сентября). Начинаться и заканчиваться путешествие будет в Москве, трёхпалубный туристический теплоход «Солнечный город» побывает в Твери, Мышкине, Костроме, Плёсе, Ярославле и Калязине. Гости круиза увидят множество фермерских хозяйств и агрокомплексов, попробуют их продукцию и поучаствуют в развлекательных программах. Как пишет в Отпуск.ру, туристам обещают только здоровые и натуральные продукты в каждой точке маршрута.

Текст 4

В концовке лета туристов уже тянет строить планы на Новый год. Руководствуясь пословицей о подготовке саней, наши соотечественники уже активно бронируют туры на декабрь-январь. Самыми популярными направлениями у российских туристов на период с 30 декабря по 8 января (с тридцатого декабря по восьмое января) являются Сочи, Индия и Италия. Об этом рассказали агентству «Интерфакс-туризм» в одном из сервисов для поиска и покупки авиабилетов. Более трети перелётов россияне совершат в пределах России, и тут многие отправятся встречать очередной год в Сочи. Гораздо меньше, но это только на данный момент, улетят в Индию. На неё приходится 5% (пять процентов) от всех продаж авиабилетов с вылетом на новогодние каникулы. Затем в предпочтениях Италия и Таиланд.

Текст 5

Около двух десятков экологических маршрутов создали для сочинских туристов в Кавказском биосферном заповеднике. Допустим, как рассказал глава Сочи Анатолий Пахомов, к нынешнему летнему сезону на территории курорта «Роза Хутор» открыли природный парк водопадов «Менделиха». Здесь же на курорте создали велотрассы среднего уровня сложности протяжённостью от 2 до 3 км (от двух до трёх километров). По данным ТАСС, на курорте «Горки Город» теперь есть пешие экомаршруты для путешествий по труднодоступным местам в горах Красной Поляны. Они расположены на высоте от 960 до 2200 м (от девятисот шестидесяти до двух тысяч двухсот метров) над уровнем моря. А к началу грядущего зимнего курортного сезона готовятся к открытию ещё три новых маршрута.

Задание 7

Репортаж	Номер	Город (посёлок) или регион	Объект природного наследия; курорт	Вид туризма, о котором идет речь в тексте
Репортаж 1	(1)	Санкт-Петербург	белые ночи	Экологический туризм
	(2)		озеро Байкал	
	(3)	Карелия	северное сияние	
	(4)	Мурманская область	северное сияние	
Репортаж 2	(5)	Дальний Восток		Гастрономический туризм
	(6)	Приморский край		
	(7)	Владивосток		
	(8)	Хабаровск		
	(9)	Южно-Сахалинск		
	(10)	Петропавловск-Камчатский		
Репортаж 3	(11)	Москва		Агротуризм (сельский/ зеленый туризм); водный (речной) круиз
	(12)	Тверь		
	(13)	Мышкин		
	(14)	Кострома		
	(15)	Плёс		
	(16)	Ярославль		
	(17)	Калязин		

续表

Репортаж	Номер	Город (посёлок) или регион	Объект природного наследия; курорт	Вид туризма, о котором идёт речь в тексте
Репортаж 4				Внутренний и международный туризм, выездной туризм
Репортаж 5	(18)	Сочи	Кавказский биосферный заповедник; курорт «Роза Хутор», природный парк водопадов «Менделиха», курорт «Горки Город», курорт Красная Поляна	Экологический туризм, пеший (пешеходный) туризм, походы по экотропам, велотуризм

Задание 10

Номер	Параметры сравнения	Текст 1 в задании 10	Текст 2 в задании 10	Текст 3 в задании 10
(1)	Количество слов в тексте не изменилось, стало меньше или стало больше?	меньше	меньше	меньше
(2)	Информация сохранена вся, почти вся или количество информации сильно сокращено?	сильно сокращено	сильно сокращено	почти вся информация сохранена
(3)	Есть ли информация, которой не было в исходном тексте?	нет	нет	нет
(4)	Порядок изложения информации (последовательность, логика изложения мыслей) изменился или нет?	нет	нет	нет
(5)	Количество предложений изменилось или нет?	да: 5→2	да: 6→2	да: 7→3
(6)	Синтаксическая структура предложений изменилась или нет? Изменило ли это текст? Если изменило, то каким образом?	да / текст стал проще	да / текст стал проще	да / текст стал проще

续表

Номер	Параметры сравнения	Текст 1 в задании 10	Текст 2 в задании 10	Текст 3 в задании 10
(7)	Синонимы, а также слова или словосочетания, близкие по смыслу, использованы или нет? Если использованы, то какие и с какой целью? Как они изменили текст?	природные (явления), ледяной (Байкал)	нет	нет
(8)	В результате сделанных изменений смысл текста не изменился, почти не изменился, частично изменился или сильно изменился?	частично изменился	сильно изменился	почти не изменился
(9)	Экспрессивность (выразительность) не изменилась, стала больше или стала меньше?	стала меньше	стала меньше	не изменилась
(10)	Цель сообщения (зачем написан текст) изменилась или нет?	нет	нет	нет
(11)	Допустимо ли, на ваш взгляд, такое изменение текста? Аргументируйте свой ответ	да	да	да
(12)	Что, по вашему мнению, сделано неудачно? Если что-то сделано неудачно, предложите свой вариант.	/	/	/

Задание 11

Текст 1

Номер	Параметры сравнения	Текст 1а	Текст 1б
(1)	Количество слов в тексте не изменилось, стало меньше или стало больше?	меньше	меньше
(2)	Информация сохранена вся, почти вся или количество информации сильно сокращено?	сильно сокращено	сильно сокращено
(3)	Есть ли информация, которой не было в исходном тексте?	нет	да
(4)	Порядок изложения информации (последовательность, логика изложения мыслей) изменился или нет?	да	да
(5)	Количество предложений изменилось или нет?	да: 6→3	да: 6→4

Номер	Параметры сравнения	Текст 1а	Текст 1б
(6)	Синтаксическая структура предложений изменилась или нет? Изменило ли это текст? Если изменило, то каким образом?	да / текст стал проще	да / текст стал рекламным
(7)	Синонимы, а также слова или словосочетания, близкие по смыслу, использованы или нет? Если использованы, то какие и с какой целью? Как они изменили текст?	Российские (фермеры)	Российские (фермеры), тур
(8)	В результате сделанных изменений смысл текста не изменился, почти не изменился, частично изменился или сильно изменился?	частично изменился: стало меньше подробностей	сильно изменился
(9)	Экспрессивность (выразительность) не изменилась, стала больше или стала меньше?	не изменилась	больше
(10)	Цель сообщения (зачем написан текст) изменилась или нет?	нет	да
(11)	Допустимо ли, на ваш взгляд, такое изменение текста? Аргументируйте свой ответ	да	нет
(12)	Что, по вашему мнению, сделано неудачно? Если что-то сделано неудачно, предложите свой вариант.	/	/

Текст 2

Номер	Параметры сравнения	Текст 2а	Текст 2б
(1)	Количество слов в тексте не изменилось, стало меньше или стало больше?	меньше	меньше
(2)	Информация сохранена вся, почти вся или количество информации сильно сокращено?	сохранена почти вся	сильно сокращено
(3)	Есть ли информация, которой не было в исходном тексте?	нет	нет
(4)	Порядок изложения информации (последовательность, логика изложения мыслей) изменился или нет?	нет	да
(5)	Количество предложений изменилось или нет?	нет: 6→6	да: 6→3

续表

Номер	Параметры сравнения	Текст 2а	Текст 2б
(6)	Синтаксическая структура предложений изменилась или нет? Изменило ли это текст? Если изменило, то каким образом?	да / текст стал проще	да / текст стал проще
(7)	Синонимы, а также слова или словосочетания, близкие по смыслу, использованы или нет? Если использованы, то какие и с какой целью? Как они изменили текст?	К лету, длиной, находятся	Почти 20, не очень трудные
(8)	В результате сделанных изменений смысл текста не изменился, почти не изменился, частично изменился или сильно изменился?	почти не изменился (изменение порядка слов в предложении 2 привело к тому, что в 1-м тексте главная информация – что, а во 2-м тексте – где	частично изменился
(9)	Экспрессивность (выразительность) не изменилась, стала больше или стала меньше?	не изменилась	стала меньше (в первом предложении нейтральный порядок слов)
(10)	Цель сообщения (зачем написан текст) изменилась или нет?	нет	нет
(11)	Допустимо ли, на ваш взгляд, такое изменение текста? Аргументируйте свой ответ	да	да
(12)	Что, по вашему мнению, сделано неудачно? Если что-то сделано неудачно, предложите свой вариант.	/	/

Задание 12

Текст:

Текст 1

Мемориальный и природный заповедник «Ясная Поляна». Родовая усадьба знаменитого русского писателя Льва Толстого. Здесь начинался его собственный мир и рождался мир его произведений и героев. У этого места своя история, свои легенды и традиции. Смотрите фильм Музей-усадьба Льва Толстого «Ясная Поляна» только на канале Russian Travel Guide.

(культурно-познавательный туризм)

Текст 2

Здесь горные массивы Кавказского хребта прорезаны узкими и глубокими долинами рек. Они проявляют свой бурный нрав и дарят энергию самой природы. Сюда едут смелые духом, те, кто знает, что такое команда. Они готовы преодолеть любые пороги. Ведь каждое такое мгновение становится незабываемым. Смотрите фильм «Экстремальный водный туризм на Северном Кавказе» только на канале Russian Travel Guide.

(экстремальный водный туризм, спортивный туризм)

Текст 3

Владивосток. Это город-труженик и город-романтик.

Здесь просыпаются на семь часов раньше, чем в столице России.

Корабли и субмарины Военно-морского флота несут у восточных границ свою вахту.

Неповторимая природа, острова и бухты. Удивительный мир животных и птиц.

Смотрите фильм «Владивосток» только на канале Russian Travel Guide.

(культурно-познавательный и экологический туризм)

Текст 4

Он словно скрыт от шумного мира. Затерян в снегах. Валаамский монастырь.

Здесь сохраняются традиции русского монашества. Это особый дух, особый свет, особый мир.

Смотрите фильм «Валаамский монастырь. Зима» только на канале Russian Travel Guide.

(культурно-познавательный и религиозный (паломнический) туризм)

Текст 5

Здесь есть всё, что нужно для отдыха. Чистый воздух, тишина и просторы Волги. В низовьях этой реки можно наловить самой разной рыбы. Чтобы трофеем стали хищники, любителям рыбалки понадобится только лишь спортивный азарт. Смотрите фильм «Ловля хищной рыбы на реке Волга» только на канале Russian Travel Guide.

(спортивный туризм, рыболовные туры)

Текст 6

Хотели бы вы оказаться в таком месте, где природа не подвластна человеку? Готовы ли вы испытать себя и совершить новое невероятное путешествие? Камчатка. Только на канале Russian Travel Guide.

(экологический, экстремальный туризм)

Текст 7

Один из красивейших городов мира. Санкт-Петербург. Он прекрасен не только улицами, домами и памятниками. Здесь открытые люди. Здесь умеют отдыхать и устраивают настоящие праздники. Тем более, если пришли белые ночи. Смотрите фильм «Прогулка по городу белых ночей» только на канале Russian Travel Guide.

(культурно-познавательный туризм)

Текст 8

Телеканал Russian Travel Guide предлагает вам узнать всё о роскошном отдыхе в городах Черноморского побережья России. Вместе с Ольгой Дегтярёвой вы посетите лучшие отели и рестораны и полюбуетесь сияющими огнями ночной жизни курортов. А также вам представится возможность поплавать с дельфинами в лазурной воде и подняться в небо над покрытыми изумрудными виноградниками склонами гор. Смотрите фильм «Отдых на побережье Чёрного моря» только на канале Russian Travel Guide.

(пляжный и экологический туризм)

Текст 9

Как не заблудиться и увидеть всё новое и необычное в городе, где живут почти 12 (двенадцать) миллионов человек? Вместе с Румиёй Ниязовой мы побываем в столице России и узнаем, чем живёт этот современный и невероятно яркий мегаполис. Сотни музеев и театров, тысячи ночных клубов, миллионы магазинов. Москва дарит своим гостям возможность осуществить любую мечту. Смотрите фильм «Прогулка по Москве» только на канале Russian Travel Guide.

(культурно-познавательный туризм)

Текст 10

Юго-восточное побережье Балтики. Ласковое море. Целебный воздух. Курортные города здесь пропитаны атмосферой летнего отдыха. Улицы изобилуют старинными зданиями с башнями и куполами. Здесь большое количество памятников архитектуры, каждый из которых может рассказать свою историю или погрузить в сказку. Смотрите фильм «Прогулка по Калининградскому взморью» только на канале Russian Travel Guide.

(пляжный, культурно-познавательный туризм)

Текст 11

Роскошный Шуваловский дворец в Санкт-Петербурге неспроста называют драгоценной шкатулкой. Ведь здесь хранятся знаменитые пасхальные яйца, созданные для императорской семьи во всемирно известной компании «Фаберже». Сколько шедевров насчитывает коллекция ювелирного искусства и какие сюрпризы хранятся внутри? Смотрите фильм «Музей Фаберже» только на канале Russian Travel Guide.

(культурно-познавательный туризм)

Текст 12

Первая цифровая библиотека национального уровня. Сотни тысяч рукописных и печатных книг, переведённые в формат вечности. Любой пользователь сети Интернет теперь в деталях сможет рассмотреть древние рукописи, доступ к которым раньше был невозможен, и моментально сориентироваться в потоке современных изданий. Смотрите фильм «Национальная президентская библиотека» только на канале Russian Travel Guide.

(образовательный туризм)

Текст 13

Болотные топи. Могучие сосны. Заповедные леса. Бурлящая холодная река, что несёт свой поток с огромной скоростью. Каменные исполины – свидетели ледникового периода. Заповедник Кивач – это своеобразная Карелия в миниатюре. Смотрите фильм «Заповедник Кивач» только на канале Russian Travel Guide.

(экологический туризм)

Текст 14

Это место меняет мироощущение. Погружает в волшебный мир оперы и балета. Здесь разыгрываются комедии и трагедии. Здесь бушуют эмоции и страсти после того, как открывается занавес. Смотрите фильм «Михайловский театр» только на канале Russian Travel Guide.

(культурно-познавательный туризм)

Задание 13

Текст:

Петергоф... Парадная летняя резиденция русских императоров, столица фонтанов, садов и парков. Он создавался по замыслу Петра как триумфальный памятник победам русского оружия в Северной войне и первая в России морская резиденция. В переводе с немецкого языка Петергоф означает «Петров двор».

Впервые он упоминается в сентябре 1705 (тысяча семьсот пятого) года. В путевом журнале Петра Первого записано: «Сентября в 13-й (тринадцатый) день наша шнява «Мункер» пошла в Питербурх; после полудня в 4 часа против Петергофа кинула якорь».

Строили Петергофскую резиденцию талантливые европейские и русские мастера. Пятнадцатого августа 1723 (тысяча семьсот двадцать третьего) года состоялось ее торжественное открытие.

Задание 15

Номер	Названия объектов всемирного наследия ЮНЕСКО в России	Перевод на китайский язык
(1)	Исторический центр Санкт – Петербурга и связанные с ним группы памятников	圣彼得堡历史中心区及其相关古迹群
(2)	Кижи; Кижский погост	基日岛的木结构教堂
(3)	Московский Кремль и Красная Площадь	莫斯科克里姆林宫和红场
(4)	Белокаменные памятники Владимира и Суздаля	弗拉基米尔和苏兹达尔的白石古迹
(5)	Историко – культурный комплекс Соловецких островов	索洛维茨基群岛的文化和历史建筑群

续表

Номер	Названия объектов всемирного наследия ЮНЕСКО в России	Перевод на китайский язык
(6)	Исторические памятники Великого Новгорода и окрестностей	诺夫哥罗德及周边的历史古迹
(7)	Архитектурный ансамбль Троице-Сергиевой лавры в городе Сергиев Посад	谢尔盖圣三一大修道院建筑群
(8)	Церковь Вознесения в Коломенском (Москва)	科洛缅斯科耶的耶稣升天教堂（莫斯科）
(9)	Девственные леса Коми	科米原始森林
(10)	Вулканы Камчатки	堪察加火山群
(11)	Озеро Байкал	贝加尔湖
(12)	«Золотые горы Алтая»	阿尔泰金山
(13)	Западный Кавказ	西高加索山
(14)	Ансамбль Ферапонтова монастыря	费拉邦多夫修道院遗址群
(15)	Историко-архитектурный комплекс Казанского Кремля	喀山克里姆林宫历史建筑群
(16)	Куршская коса	库尔斯沙嘴
(17)	Центральный Сихотэ-Алинь (Сихотэ-Алинский государственный природный биосферный заповедник)	中锡霍特－阿林山脉（锡霍特－阿林山脉国家自然保护区）
(18)	Государственный природный биосферный заповедник «Убсунурская котловина»	国家自然保护区乌布苏盆地
(19)	Цитадель, Старый город и крепостные сооружения Дербента	德尔本特城堡、古城及要塞
(20)	Ансамбль Новодевичьего монастыря (Москва)	新圣女修道院（莫斯科）
(21)	Природный комплекс заповедника Остров Врангеля	弗兰格尔岛自然保护区
(22)	Геодезическая дуга Струве	斯特鲁维地理探测弧线
(23)	Исторический центр Ярославля	雅罗斯拉夫尔城历史中心
(24)	Плато Путорана	普托拉纳高原
(25)	Природный парк «Ленские столбы»	勒拿河柱状岩自然公园
(26)	Храмы Псковской архитектурной школы	普斯科夫学派教堂建筑

Номер	Названия объектов всемирного наследия ЮНЕСКО в России	Перевод на китайский язык
(27)	Архитектурно – исторический комплекс «Булгар» (Болгарский историко – археологический комплекс)	博尔格尔的历史建筑及考古遗址
(28)	Свияжский Успенский монастырь и Успенский собор	岛村斯维亚日斯克圣母升天大教堂与修道院
(29)	Ландшафты Даурии	达斡尔景观

Задание 17

(1) природные (явления)

(2) (туристическая) фирма / турфирма

(3) очень (долго)

(4) получать / испытывать удовольствие от (красоты) или восторгаться (красотой)/ радоваться (красоте)

(5) (белые ночи) продолжаются только / не больше чем (месяц)

(6) очень (чистый лёд) / совершенно прозрачный (лёд)

(7) (фестиваль) еды

(8) (город) у моря /расположенный на берегу моря

(9) любитель и ценитель изысканных блюд / лакомка

(10) очень много / большое количество / множество (положительных отзывов)

(11) люди, которые живут здесь / здешние жители

(12) туристы / приезжие

(13) зарубежные туристы / туристы из-за рубежа

(14) путешествие по реке

(15) во время / в самый сезон (сбора урожая)

(16) (в каждом) пункте (маршрута)

(17) (туристы) предпочитают (Италию)

(18) время новогодних праздников

(19) (совершить) авиапутешествие / путешествие на самолёте по (России)

(20) поехать праздновать / отмечать (Новый год в Сочи)

(21) сейчас / в настоящий момент

(22) мэр

(23) этот (курортный сезон) / (курортный сезон) этого года

(24) будущий / следующий / предстоящий (курортный сезон)

Задание 19

(1) авиабилет с вылетом на новогодние праздники – А/б с влтм на НГ прзднки

(2) бронировать билет на самолёт – брнрвть а/б

(3) в каждой точке маршрута – в кжд тчк мршрта

(4) в самый разгар туристического сезона – в рзгр турсзна

(5) велотрасса протяжённостью от 2 до 3 (от двух до трёх) километров – влотрса пртжнстью от 2 до 3 км (или: 2 – 3 км)

(6) 10% (десять процентов) от продаж – 10% прдж

(7) маршрут среднего уровня сложности – мршрт ср. ур. слжнсти

(8) гастрономический фестиваль – гстрнмич фствль

(9) готовятся к открытию новые маршруты – гтвтся к откр. нов. мршрты

(10) здоровые фермерские продукты для гурманов – здрве фрмрск прдкты для грмнв

(11) Кавказский биосферный заповедник – Кавк. бсфрн зпвднк

(12) кристально чистый лёд озера Байкал – крстльн чст лёд озра Бйкл

(13) на высоте 200 (двести) метров над уровнем моря – на выс. 200 м над ур. моря

(14) на данный момент – на днй ммнт

(15) на период с 30 декабря по 8 января (с тридцатого декабря по восьмое января) – на прд с 30 дек. по 8 янв. (или: с 12.30 по 01.8)

(16) натуральные продукты – нтрльн прдкты

(17) нерукотворные явления природы – нрктврн явл. прир

(18) оказаться в нужное время в нужном месте – окзться в нжн врмя в нжн мсте

(19) отдавать предпочтение отдыху в Сочи – отдвть прдптне отдху в Сочи

(20) отечественные фермеры – отеч. фрмры

(21) очередной год – очрдн год

(22) пеший экологический маршрут по горам Красной Поляны – пший экомршрт по горам Крсн Плны

(23) посещение агрокомплексов и дегустация их продукции – пщние агркмплксов и дгстция их прдкции

(24) путешествие на теплоходе – птшствие на тплхде

(25) развлекательная программа – рзвлктльн пргрма

(26) рейтинг природных явлений – рйтнг прир. явл

(27) сбор урожая – сбор уржя

(28) сервировать свежего морского гребешка прямо из аквариума – срврвть свж мрск грбшка прямо из акврма

(29) соотечественники и гости из-за рубежа – стчствнки и гости из-за рбжа

(30) так называемый – т.н.

(31) туристическая индустрия – туриндстря

(32) туристско-информационный центр – тур-инф центр

(33) фермерское хозяйство – фрмрске хзйство (или: хоз-во)

Задание 20

1. ∞

2. ⁒

3. ⏝

4. <

5. >

6. ↪

Задание 22

(1)

d
Мринск

(2)

d
→ В. Сиб.
∞ Байкл

(3)

d
→ парк)
лес

(4)

m
→ 回
на / лыжах
снягде
люди

(5)

回 Согı
туро → парк

(6)

冬
m
↓А 3条

(7)

кнр
m ~~ ٪. отда

(8)

↓ 5月
[Юг.]
m → 南

УРОК 6 Куда поехать в Китае и России?

Задание 1

(1) 3/4, 1/3, 4/7, 2/7, 1/9

(2) 20/ 31, 1/ 249, 3/100, 1/10, 2/9

(3) 3/5, 1/2, 52/367, 71/ 962, 3/7

(4) 1/8, 2/1000, 3/100, 2/5, 2/21

(5) 19/40, 7/8, 3/8, 1/12, 7/10

(6) 1/6, 7/20, 3/156, 1/1000, 1/7

(7) 1/4, 4/9, 7/9, 2/4, 12/19

(8) 4/5, 2/3, 1/5, 17/23, 2/231

Задание 2

1.	(1) понедельник, суббота, четверг, пятница, вторник
	(2) воскресенье, среда, пятница, вторник, среда
	(3) понедельник, воскресенье, вторник, четверг, суббота
	(4) понедельник, четверг, суббота, среда, воскресенье
2.	(1) 星期一，星期四，星期五，星期六，星期三
	(2) 星期三，星期日，星期二，星期一，星期日
	(3) 星期四，星期日，星期六，星期五，星期二
	(4) 星期五，星期三，星期二，星期四，星期一
3.	(1) май, январь, август, февраль, декабрь, апрель, январь, март
	(2) июнь, октябрь, сентябрь, июль, ноябрь, июнь, февраль, март
	(3) ноябрь, август, январь, сентябрь, июль, август, апрель, декабрь
	(4) октябрь, февраль, июль, март, декабрь, июнь, май, апрель
4.	(1) 九月，十一月，六月，十月，一月，八月，十二月，五月，四月
	(2) 十月，五月，三月，二月，六月，九月，五月，八月，七月
	(3) 三月，十一月，七月，八月，三月，十二月，一月，九月，四月
	(4) 七月，二月，十月，六月，十一月，十二月，四月，一月，二月

Задание 4

(1) гастрономический фестиваль　美食节

(2) 预订新年假期的机票　забронировать авиабилеты с вылетом на новогодние праздники

(3) 瀑布主题的自然公园　природный парк водопадов

(4) сервировать блюдо　把饭菜端上来

(5) 扇贝　морской гребешок

(6) дегустация натуральных фермерских продуктов　品尝天然的农产品

(7) 美食家　гурман

(8) 生物圈保护区　биосферный заповедник

(9) туристическая индустрия　旅游产业

(10) 直接从养殖缸里捞出来的鱼　рыба прямо из аквариума

(11) 中等难度的自行车道　велотрасса среднего уровня сложности

(12) кристально чистая вода　清澈见底的水

(13) тур на период с первого по седьмое октября　10月1日至7日期间的旅游

(14) 生态步道　пеший экомаршрут, пеший экологический маршрут

(15) 长度为1—4公里的线路　трассы протяжённостью от 1 до 4 км

(16) курортный сезон　疗养季节

(17) наслаждаться красотой природы　欣赏大自然的美景

(18) 9% от всех продаж　占销售总额的9%

(19) 娱乐节目　развлекательная программа

Задание 5

(1) В летнем сезоне на нашем курорте «Горки Город» открыты пешие экомаршруты для путешествий по труднодоступным местам в горах Красной Поляны. Пешеходные туристические маршруты расположены на высоте от 960 м до 2200 м над уровнем моря.
夏季，为了便于游客去不易到达的地方游览，我们山地城疗养地的克拉斯纳亚波良纳山上开放了生态步道。步道线路分布在海拔960米到2200米之间。

(2) Любители здорового и правильного питания теперь могут насладиться экологически чистыми продуктами! Компания «Экоферма» готова обеспечить всех желающих свежими, натуральными и полезными для здоровья продуктами с фермерских хозяйств.
现在，健康饮食者能够享受到有机食品了。生态农场将为所有想要新鲜、天然、益于健康的食品的人提供自己农场生产的产品。

(3) Свежий морской гребешок – это блюдо, которое стоит отведать каждому гурману. Каждый вечер в нашем ресторане проходит дегустация одного из морепродуктов, которые мы сервируем прямо из аквариума. Сегодня мы предлагаем по специальной цене сет из пяти морских гребешков.
新鲜扇贝这道菜值得食客们品尝。我们餐厅每晚都会推出一种海鲜，它们从养殖缸直接进厨房。今天我们的特价套餐是扇贝（每份五只）。

Задание 6

Текст 1

«Серебряное кольцо» – это совершенно новый туристический маршрут, запущенный российским правительством в последние годы, который охватывает 11 федеральных субъектов, 60 городов и 170 туристических достопримечательностей. Он имеет огромную туристическую и культурную ценность (Он обладает огромной культурной ценностью и туристическим потенциалом). «Серебряное кольцо» охватывает районы и города на Северо-западе, имеющие историческое значение: Санкт-Петербург, Калининград, Архангельск, Ленинградскую область, Вологду, Карелию, Ненецкий автономный округ, Новгород, республику Коми, Псковскую и Мурманскую области.

Текст 2

Для китайских туристов (китайским туристам) красный туризм очень интересен (Китайских туристов очень интересует красный туризм / Большой интерес для китайских туристов представляет красный туризм). В России в красное наследие включаются города Москва, Санкт-Петербург, Казань и Ульяновск. Китайцы приезжают в Россию не только в целях культурно-познавательного туризма (познакомиться с русской культурой / знакомства с русской культурой), но и в целях (для) шопинга (на шопинг; чтобы делать покупки). Кроме того, благодаря богатым водным ресурсам в России имеется большой потенциал (Россия имеет большой потенциал) для развития круизного (водного) туризма в Арктике и на Дальнем Востоке.

Текст 3

Ежегодно в октябре (В октябре каждого года) в России наступает прекрасный сезон «золотой» осени. От осенних ветров и холодных дождей тайга Сибири, берёзовые рощи Иркутска и просторные степи Калмыкии, глубокий чистейший Байкал постепенно становятся всё более и более приветливыми (еще более очаровательными). Китайских туристов здесь ждут с распростёртыми объятьями (Китайских туристов здесь всегда ждут с нетерпением (очень ждут); Китайским туристам здесь всегда рады).

Задание 8

Текст:

Утро на пляже

Сегодня утром мы встали очень рано, часов в 7 и сразу пошли на пляж. В это время там ещё никого не было. Вставало солнце. Море лежало перед нами спокойное, чистое, теплое, прозрачное, ярко-синее. За нашей спиной возвышались горы. Воздух был чист и свеж. Пахло какими-то незнакомыми цветами.

Мы немного посидели на пляже и посмотрели, как солнце медленно поднимается над морем. Потом немного поплавали.

Постепенно на пляж стали приходить другие отдыхающие. Стало шумно. Поэтому мы решили, что пора вернуться в гостиницу и там позавтракать в ресторане.

Задание 9

(1) одна десятая

(2) ноль целых одна десятая

(3) две сотых

(4) ноль целых две сотых

(5) тридцать пять тысячных

(6) ноль целых тридцать пять тысячных

(7) одна целая четыре десятых

(8) две целых пять десятых

(9) ноль целых семьдесят девять сотых

(10) одна целая двенадцать сотых

(11) девятнадцать целых девяносто одна сотая

(12) одна целая одна сотая

(13) девять целых тридцать пять тысячных

(14) девяносто шесть целых пятьсот двадцать одна тысячная

(15) двести девятнадцать целых шестьсот восемьдесят две тысячных

(16) пять целых восемьдесят две сотых

(17) двенадцать целых девяносто две тысячных

(18) одна целая тринадцать сотых

(19) ноль целых тридцать пять сотых

(20) восемь целых восемь десятых

Задание 10

Текст 1

Туризм в КНР уже давно является отдельной отраслью национальной экономики, одной из наиболее динамично развивающихся и перспективных индустрий. Ежегодно отправляя сотни миллионов своих туристов по всему миру, китайцы продвигают собственную культуру, тем самым вызывая интерес иностранцев к Китаю. Туристов со всего мира привлекает не только величайшее культурное наследие китайской цивилизации, но и богатейшие природные ресурсы региона.

Текст 2

По данным Государственного статистического управления КНР, число прибывающих в Китай туристов постоянно растёт, и, хотя в 2014 году число прибывающих в Китай туристов несколько сократилось, затем оно продолжает расти и к 2019 году число прибывающих в Китай туристов достигло 145,3078 млн. человек, увеличившись на 2,9 процента по сравнению с аналогичным периодом прошлого года.

Текст 3

15 сентября 2017 года Пекинский парк «Ихэюань» и Музей-заповедник «Петергоф» в Санкт-Петербурге заключили соглашение о дружбе, тем самым открыв новую страницу сотрудничества. У этих двух парковых ансамблей немало общего: оба являются императорскими парками (резиденциями императоров) и оба включены в Список Всемирного нематериального культурного наследия ЮНЕСКО. Сотрудничество между двумя парками будет играть активную роль в расширении обменов и сотрудничества между двумя странами в гуманитарной области.

Задание 11

Текст:

中国——每个人都可以在这里为自己找到一些独特的东西，永远留在记忆里和心里。对某些人而言，中国是一个购物天堂，对另一些人来说，中国则是一个包蕴着东方哲学的大自然。

如果你的旅程是从北京开始的，那么，就以紫禁城为起点吧。紫禁城是北京最重要的景点之一，它几百年来一直是中国帝王的官邸，深受游客欢迎。

下一个令人啧啧称奇的景点是中国长城。这是一座雄伟的建筑。

还有一个必须要去的地方是广西壮族自治区东北部山区的稻田。稻田沿着龙脊式的斜坡延伸，如同多层蛋糕。

云南省也值得您一去。昆明四季如春；丽江是茶马古道上的古城；香格里拉是位于青藏高原东南部的一座神秘城市；在虎跳峡可以完成一次为期两天的徒步旅行，那里有令人难以置信的美景。

也建议您去上海看看。上海是现代中国的缩影。这里耸立着摩天大楼——上海塔（即上海中心大厦），其总高度为632米。

Китай – это то место, где каждый находит для себя что-то своё, неповторимое, то, что навсегда остаётся в памяти и в сердце. Для кого-то – это увлекательный шопинг (рай для шопинга), для другого – природа с философией этого восточного мира. (Для одних это увлекательный шопинг, для других – природа с философией этого восточного мира.)

Если ваше путешествие начинается с Пекина, давайте начнёмся со дворца «Запретный город» – дворец, который несколько сотен лет был резиденцией китайских правителей. Его можно назвать одной из самых главных достопримечательностей этого города. Это место пользуется огромной популярностью среди туристов.

Следующее удивительное место, конечно же, Великая Китайская стена, сооружение настолько грандиозное.

Ещё одно место, где обязательно стоит побывать, – рисовые плантации в горах северновосточной части Гуанси-Чжуанского автономного района, которые раскинулись на склонах Драконьего хребта (Лунцзи) и похожи на многоярусный торт.

Также вам стоит побывать в провинции Юньнань и увидеть Куньмин – город вечной весны, Лицзян – древний город на чайном конном пути. Шангри-Ла – таинственный город в предгорьях Тибета и Ущелье прыгающего тигра (ущелье Хутяо) с его невероятными видами, куда можно пойти в поход на два дня (в двухдневный поход).

И, конечно же, не откажите себе в удвольствии побывать в Шанхае, который стал символом современного Китая. Здесь возвышается Шанхайская башня, общая высота которой 632 метра./Высота которой достигает 632 метра./Высота здания составляет 632 м./ Этот небоскрёб высотой 632 метра.

Задание 12

Текст 1

1а: Посол КНР в Российской Федерации господин Ли Хуэй в сентябре 2018 года дал интервью «Российской газете». В конце интервью он сказал: «Китай и Россия – это добрые соседи с общими границами, горами и реками. Как две крупные мировые туристические державы мы надеемся, что сотрудничество в сфере туризма подарит благоприятные возможности для развития двусторонней торговли и укрепления взаимопонимания между нашими народами».

1б: 2018年9月，中国驻俄罗斯大使李辉先生接受了《俄罗斯报》的采访。在采访结束时，他说："中俄是山水相连的好邻居。作为世界上两个主要的旅游大国，我们希望旅游合作为双边贸易和我们两国人民之间的相互理解提供有利的机会。"

Текст 2

2a: В последние годы Китай стал главным источником туристов для России. В 2016 году оттуда приехали почти 1,3 миллиона человек. Это в десять раз больше, чем семь лет назад.

2б: 近年来，中国已成为俄罗斯的主要旅游客源国。2016年，近130万中国人去了俄罗斯旅游，是七年前的十倍。

Текст 3

3a: Китайские туристы предпочитают есть знакомую еду, и им круглые сутки должен быть доступен кипяток и горячая вода для питья.

3б: 中国游客喜欢吃熟悉的食品，需要24小时供应可饮用的热水。

Текст 4

4a: Один из основных факторов развития китайско-российского сотрудничества в области туризма – облегчение визовых формальностей. С 2000 (двухтысячного) года между Китаем и Россией действует «Соглашение о безвизовых групповых туристических поездках», которое помогло привлечь ещё больше людей к этому виду путешествий.

4б: 发展中俄旅游合作的要素之一是简化签证手续。自2000年以来，中俄两国一直在实施《互免团体旅游签证的协定》，该项措施有助于吸引更多的人选择团队旅游。

Текст 5

5a: За рубежом для китайских туристов важно примерно то же, что и для российских: приветствие на родном языке, бесплатный Wi-Fi /вайфай/, кулеры с водой на каждом этаже, несколько дополнительных блюд в меню завтрака.

5б: 在国外，用游客的母语打招呼、有免费的Wi-Fi、每层楼配备饮水机、早餐多几道菜，这些无论对中国游客，还是俄罗斯游客，都是很重要的。

Текст 6

6a: Среди тех, кто едет на Байкал, есть молодые люди из Китая. Они путешествуют сами по себе. Они останавливаются в бюджетных отелях и хостелах и не пользуются услугами гидов, так как получают информацию из соцсетей.

6б: 在去贝加尔湖的游客中，有些是来自中国的年轻人。他们独自去旅行，住经济型酒店、客栈、小旅馆，不用导游，因为相关的信息在社交网站上都能查到。

Текст 7

7a: Особенной любовью китайцев пользуется озеро Байкал. Именно оно сейчас переживает настоящий туристический бум. По данным Ростуризма, увеличение туристического потока из Китая в регионе по сравнению с 2015 годом в 2016-м составило 158%.

7б: 中国人特别喜欢贝加尔湖，这引发了贝加尔湖的旅游热潮。俄罗斯联邦旅游局资料显示，与2015年相比，2016年该地的中国游客量增加了158%。

Задание 14

Текст:

(1) Оформить визу в Китай можно в турфирме. Можно сделать визу самостоятельно, отнеся документы в одно из консульств КНР: в Москве, Санкт-Петербурге, Екатеринбурге, Иркутске, Хабаровске и Владивостоке.

(2) Китай граничит с Россией на Дальнем Востоке, оттуда путь до Пекина самый близкий. Можно преодолеть это расстояние на поезде. Из Москвы, Санкт-Петербурга, европейской части России проще всего лететь на самолёте. Существуют как прямые рейсы, так и рейсы с пересадкой в зависимости от авиакомпании.

(3) Китай – страна невероятно большая, причём не только по своей территории, но и в географическом, историческом и культурном смыслах. Привлекает эта страна тысячи людей со всего мира и благодаря древним традициям своей медицины. Сюда можно ехать на лечение и восстановление сил.

(4) Пару лет назад между Пекином и Лхасой, высоко в горах, была открыта железная дорога. Это самая высокогорная железная дорога в мире. Максимальная высота на участке её пути составляет 5 072 метра над уровнем моря.

(5) С транспортом в Китае всё отлично. Очень развита транспортная инфраструктура. Самолёты, паромы, поезда (в том числе скоростные), автобусы, метро и такси... В любую точку страны можно добраться без проблем.

Задание 15

Текст 1   Рисовые террасы

Как известно, китайцы больше всего любят выращивать рис и любоваться живописными пейзажами. Иногда эти два занятия совмещают в одном месте. Одни китайцы сажают рис, а другие смотрят на то, как живописно у них это получается.

Самые красивые рисовые плантации становятся популярными туристическими направлениями.

Выращивание риса испокон давало крестьянам возможность лишь еле-еле сводить концы с концами. По-настоящему богатеть они стали только с началом наплыва туристов. Частные дома перестраивают в гостиницы, рядом строят дома и сувенирные магазины.

Текст 2   Тулоу

В юго-западной части провинции Фуцзянь каждая семья или клан народа хакка живёт в общем доме, больше похожем на крепость. В качестве строительного материала используют обычную землю.

Первые земляные крепости появились в X веке. Их назвали «тулоу». Эти оригинальные по форме и технологии возведения сооружения оказались настолько прочными и удобными для проживания, что их строили вплоть до конца XX века.

Тулоу бывают самые разные. Чаще всего встречаются круглые – по форме напоминающие бублик. Значительно реже можно увидеть квадратные, прямоугольные, пятиугольные, восьмиугольные или полукруглые.

В «туристической деревне» Гаотоу собраны самые лучшие образцы величественных земляных зданий. В них ещё продолжают жить.

Задание 17

Текст

近些年来，中国成了世界热门的旅游目的国，尤其吸引着俄罗斯游客。中国以其名胜古迹、灿烂的民族节日、文化传统和习俗、庞大的旅游中心和酒店网络吸引着游客。

当您来到中国时，可能会觉得自己置身于一个美丽的世界：琳琅满目的商店和购物中心、咖啡馆、酒店，绚丽的花坛和别具一格的街心公园，让您久久不愿离开。

Задание 18

1.

Номер	Названия объектов всемирного наследия ЮНЕСКО в Китае	Перевод на русский язык	Местоположение	Перевод на русский язык
(1)		Великая Китайская Стена		Пекин
(2)		Гробница (Мавзолей) первого императора династии Цинь; Терракотовая армия		Пров. Шэньси
(3)		Дворцы императоров династий Мин и Цин в Пекине и Шэньяне		Пекин; Пров. Ляонин
(4)		Пещеры Могао		Пров. Ганьсу
(5)		Стоянка «Пекинского человека» в Чжоукоудяне (Находки пекинского человека)		Пекин
(6)		Горная императорская резиденция и окружающие его храмы в Чэндэ (Горное убежище от летнего зноя и окружающие его храмы)		Пров. Хэбэй
(7)		Исторический ансамбль дворца Потала в городе Лхаса		Тибетский автономный район
(8)		Комплекс древних строений в горах Уданшань (Древние сооружения в горах Уданшань)		Пров. Хубэй
(9)		Храм и гробница Конфуция и имение семьи Кун в городе Цюйфу (Храм, могилы Конфуция и наследников и дом семьи Кун в городе Цюйфу)		Пров. Шаньдун

续表

Номер	Названия объектов всемирного наследия ЮНЕСКО в Китае	Перевод на русский язык	Местоположение	Перевод на русский язык
(10)		Национальный парк Лушань		Пров. Цзянси
(11)		Исторический город Пинъяо		Пров. Шаньси
(12)		Классические сады в городе Сучжоу		Пров. Цзянсу
(13)		Старый город Лицзян		Пров. Юньнань
(14)		Летний дворец и императорский парк в Пекине		Пекин
(15)		Храм Неба: императорский жертвенный алтарь в Пекине		Пекин
(16)		Наскальные рельефы в Дацзу (Пещеры Дацзу)		Чунцин
(17)		Гора Цинчэншань и древняя оросительная система Дуцзянъянь (Гора Цинчэншань и Дуцзянъяньская ирригационная система)		Пров. Сычуань
(18)		Гробницы императоров династий Мин и Цин (Императорские гробницы династий Мин и Цин)		Пекин
(19)		Пещерные храмы Лунмэнь (Буддийский пещерный храм Лунмэнь)		Пров. Хэнань
(20)		Старинные деревни Сиди и Хунцунь на юге провинции Аньхой		Пров. Аньхой
(21)		Пещерные храмы Юньган (Гроты Юньган)		Пров. Шаньси
(22)		Столичные города и гробницы древнего царства Когурё (Столицы и гробницы древнего королевства Когурё)		Провинции Цзилинь, Ляонин
(23)		Исторический центр города Макао		Аомынь

Номер	Названия объектов всемирного наследия ЮНЕСКО в Китае	Перевод на русский язык	Местоположение	Перевод на русский язык
(24)		Древний город Иньсюй (Иньсюй: «Руины Инь» — столица древнего государства Шан)		Пров. Хэнань
(25)		Диаолоу и деревни Кайпинга		Пров. Гуандун
(26)		Тулоу провинции Фуцзянь		Пров. Фуцзянь
(27)		Гора Утайшань		Пров. Шаньси
(28)		Исторические памятники Дэнфэна в «Центре Неба и Земли» (Памятники Дэнфэна у подножья горы Суншань)		Пров. Хэнань
(29)		Культурный Ландшафт Западного Озера в Ханчжоу (Древний культурный ландшафт Китая, озеро Сиху в Ханчжоу)		Пров. Чжэцзян
(30)		Руины древнего города Занаду (Шанду) (Исторический город Шанду)		Внутренняя Монголия
(31)		Культурный пейзаж Хани Райс Террасы (Культурный ландшафт «Рисовые террасы Хунхэ- Хани»)		Пров. Юньнань
(32)		Большой канал; Великий канал (Китай)		Пекин, Тяньцзинь, провинции Хэбэй, Шаньдун, Цзянсу, Чжэцзян, Аньхой, Хэнань
(33)		Шёлковый путь: маршруты Чанъань-Тяньшаньского коридора		Провинции Хэнань, Шэньси, Ганьсу, Синьцзян-Уйгурский автономный район Китая (совместно с Казахстаном и Киргизией)

续表

Номер	Названия объектов всемирного наследия ЮНЕСКО в Китае	Перевод на русский язык	Местоположение	Перевод на русский язык
(34)		Архитектурный комплекс китайских правителей «Тусы»		Провинции Хунань, Хубэй, Гуйчжоу
(35)		Культурный ландшафт наскального искусства Цзоцзян Хуашань		Гуанси-Чжуанский автономный район
(36)		Остров Гуланъюй		Город Сямэнь пров. Фуцзянь
(37)		Руины древнего города Лянчжу		Пров. Чжэцзян
(38)		Цюаньчжоу: мировой центр торговли в Китае эпохи династий Сун-Юань		Пров.Фуцзянь

Задание 24

1.

(1) В 2017 году мировой пассажиропоток в авиационной сфере превысил 8,2 млрд турпоездок, к 2034 году эта цифра, как ожидается, удвоится. Затем ежегодный прирост будет расти от 4,1% до 4,9% в год.

(2) В Азиатско-Тихоокеанском регионе Китай был и остаётся крупнейшим рынком компании HotelBeds. В мире он занимает четвёртое по активности место среди стран, осуществляющих онлайн-бронирование на данной платформе.

(3) Главный аэропорт Сибири «Толмачёво» (Новосибирск) за 9 месяцев 2018 года обслужил 190 тыс. пассажиров на китайских направлениях. В этот период рейсы из Новосибирска осуществлялись в семь городов КНР— Пекин, Санья, Урумчи, Шанхай, Гонконг, Харбин, Ордос.

(4) Согласно статистике, в рамках одной поездки 98% китайцев посещают Москву и Санкт-Петербург. Въездной турпоток из Китая в Северную столицу вырос с 29 тыс. за 9 месяцев 2014 года до 48 тыс. человек. При этом возможностью безвизового выезда в КНР воспользовались всего 135 петербуржцев.

(5) В отчёте говорится, что среди крупнейших туристических рынков и направлений мира первое место занимает Франция, Испания поднялась на второе место, а США и Китай занимают третье и четвёртое места соответственно. Что касается доходов от туризма, то США далеко впереди планеты всей— 210 млрд 700 млн долларов.

2.

(1) 2017年，全球航空业客运量超过82亿人次，预计到2034年这一数字将翻番，年增长率将从每年的4.1%增长到4.9%。

Ключевые слова: 2017年、客运量82亿人次；2034年、翻番、增长4.1%、4.9%。

(2) 中国一直是，并将仍然是该公司在亚太地区的最大市场。中国在该公司的预订量全球排名第四。

Ключевые слова： 始终、亚太最大、预订量、全球第四

(3) 在2018年的前9个月中，西伯利亚主要机场托尔马切沃（新西伯利亚）机场向中国运送旅客19万人次。在此期间，从新西伯利亚出发的航班分别飞往中国的7个城市：北京、三亚、乌鲁木齐、上海、香港、哈尔滨、鄂尔多斯。

Ключевые слова: 2018年的前9个月、19万、7航班：北京、三亚、乌鲁木齐、上海、香港、哈尔滨、鄂尔多斯

(4) 据统计，在一次旅行中，98%的中国人访问了莫斯科和圣彼得堡。在俄罗斯的圣彼得堡，中国的游客量也有所增加——从2014年9月的2.9万人增加到今年同期的4.8万人。同时，135名圣彼得堡市民免签证去了中国。

Ключевые слова: 98%中国人、莫斯科和圣彼得堡；增加、2014年9个月、2.9万人、4.8万人；135人、免签

(5) 报告显示，在世界最大的旅游市场和目的
地中，法国位居世界第一，西班牙上升为
第二位，美国和中国分列第三、第四位。
在旅游收入方面，美国以2107亿美元的成
绩遥遥领先。

Ключевые слова: 最大旅游目的地、依次
（法国、西班牙、美国、中国）；收入、美
国（2107亿美元）

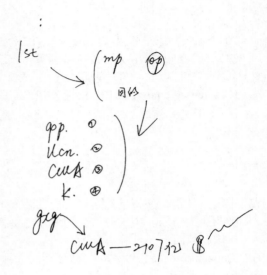

УРОК 7 Сопровождаем туристическую группу
в России и Китае

Задание 1

1.

Номер	百亿	млрд. 十亿	亿	千万	млн. 百万	十万	万	тыс. 千	百	十	个
(1)							4	3	1	0	0
(2)						5	4	9	8	1	6
(3)					8	2	6	7	5	4	0
(4)				7	1	5	9	6	7	8	9
(5)			6	0	0	0	0	5	6	3	0
(6)		8	2	0	0	0	0	5	6	7	1
(7)	1	9	1	7	0	0	0	0	0	0	0
(8)					3	5	4	0	8	9	5
(9)			6	8	2	3	4	2	1	1	1

2.

(1) 1/2	(4) 2/3	(7) 1/4	(10) 5/82
(2) 3/5	(5) 7/100	(8) 0,1	(11) 0,2
(3) 0,03	(6) 0,17	(9) 0,004	(12) 0,115

Задание 2

(1) безвизовая поездка   免签证旅行

(2) групповая туристическая поездка   团体旅游

(3) 黄金周   Золотая неделя

(4) 经济型旅店及提供低价食宿的小旅店   бюджетный отель и хостел

(5) 旅游热潮   туристический бум

(6) туристическая группа   旅游团

(7) 长城   Великая китайская стена

(8) 张开双臂迎接……   встречать с распростёртыми объятьями

(9) берёзовая роща   白桦林

(10) 紫禁城   Запретный город

(11) кулер   制冷设备

(12) 水稻种植园   рисовая плантация

(13) склон горы   山坡

(14) 基础设施　инфраструктура

(15) предгорье　山麓

(16) 摩天大楼　небоскрёб

(17) 中国帝王的离宫　резиденция китайских правителей

(18) грандиозное сооружение　雄伟的建筑

(19) восстановление сил　恢复体力

(20) 联邦主体　федеральный субъект

(21) граничить с чем　与……接壤

(22) 龙脊　Драконий хребет

(23) 领事馆　консульство

(24) просторные степи　辽阔的草原

(25) 虎跳峡　Ущелье прыгающего тигра

(26) таинственный город　神秘的城市

(27)《互免团体旅游签证的协定》　«Соглашение о безвизовых групповых туристических поездках»

(28) 高速列车　скоростной поезд

Задание 4

Текст 1

这是一个典型的北方古村落，背山临水，有着良好的生态环境和丰富的文化遗产。2011年，这个小山村依托秀美的自然山水和独特的生态资源优势开始发展乡村旅游，如今，已经建成了集湖光山色、农事体验、特色美食、手工作坊、红色教育、休闲养生于一体的乡村旅游综合景区。

Это типичная древняя северная деревня, находящаяся на берегу реки у подножия горы. Здесь хорошая экология и богатое культурное наследие. (Это место отличают благоприятная экологическая обстановка / среда, хорошая экология) и богатое культурное наследие). В 2011 году эта небольшая горная деревня начала развивать (у себя) сельский туризм на основе своей необычайно красивой (прекрасной) и разнообразной природы (своего красивого природного ландшафта) и уникальных экологических ресурсов (В 2011 году в этой маленькой горной деревне (селе / селении) начали развивать сельский туризм, в основе которого красивые местные пейзажи и уникальные экологические ресурсы). В настоящее время здесь создан сельский туристический комплекс, где (в котором) можно полюбоваться красотой местной природы, приобщиться к сельскому хозяйству, попробовать (продегустировать) местную кухню (местную еду), познакомиться с сельскими ремеслами (посетить мастерские), посетить места боевой и революционной славы (ознакомиться с местами боевой и революционной славы), отдохнуть и укрепить здоровье.

Текст 2

因资源、环境和气候不同，旅游通常有淡、旺季之分，不同地区旅游淡旺季的时间各不相同。例如，海南旅游旺季通常为当年11月到次年4月；东北地区，尤其是主打冰雪旅游的黑龙江、吉林，旅游旺季时间与海南接近；而华北、华中等地区则恰恰相反，冬季很多地方就进入了旅游淡季，"南北热、中部冷"成为中国冬季旅游的真实写照。

Туристические сезоны можно разделить на мёртвый и пиковый сезоны в зависимости от ресурсов, окружающей среды и природно-климатических условий. (В зависимости от ресурсов, окружающей среды и климатических условий в туризме / туристской деятельности выделяют пиковый сезон / сезон пик и мёртвый сезон). В разных регионах эти сезоны бывают (наступают) в разное время. Например, пиковый сезон (сезон пик / пик сезона) на Хайнане (на острове Хайнань) продолжается с ноября предыдущего года по апрель следующего года (с ноября по апрель). На Северо-Востоке Китая, особенно в провинциях Хэйлунцзян и Цзилинь, где зимние виды туризма являются основными видами туризма (где главными являются зимние виды туризма), пиковый сезон (высокий сезон/сезон пик) похож на сезон на Хайнане (такой же, как и на острове Хайнань). Однако в Северном и Центральном Китае всё наоборот. Для многих мест зима – это мёртвый сезон (Зимой многие места вступают в мёртвый туристический сезон). Точное описание туризма в зимнее время года в Китае гласит: «На севере и на юге страны жарко, так как разгар туристического сезона, а в центре Китая холодно, мёртвый сезон.» («На севере и юге Китая разгар туристического сезона, а в центральном регионе затишье, мертвый сезон» – это точное описание туристической ситуации в зимний период.)

Текст 3

出境旅游已成为中国消费者重要的休闲娱乐方式。北上广深等城市仍是重要的出境旅游客源地，这是出境旅游的第一个关键信息。第二个关键信息是90后、00后是中国出境旅游的主力军。2018年1—9月，90后、00后人群在出境旅游总人数中占比达到32%。出境旅游的第三个关键信息是女性。女性在出境旅游总人数中占比逐年攀升，2018年达到58%。出境游客中约六成选择跟团游。

В настоящее время выездной туризм стал важным видом отдыха (и способом организации досуга) китайских потребителей. Города Пекин, Шанхай, Гуанчжоу и Шэньчжэнь по-прежнему являются основными источниками выезжающих за рубеж туристов. Это первый ключевой элемент для описания выездного туризма. Вторым ключевым словом является поколение людей, которые родились (родившихся) в 90-е и 2000-е годы (двухтысячные; нулевые) годы. Они являются основной группой (составляют большинство; составляют основной контингент) выезжающих за рубеж туристов. В январе – сентябре 2018 года их доля от общего числа выезжающих за границу туристов составила 32%. Третьим ключевым словом для описания (характеристики) выездного туризма являются женщины. Число женщин, выезжающих за границу (за рубеж), ежегодно растёт (растёт из года в год). В 2018 году оно (число женщин) составило (их доля составила) 58%. 60% выезжающих за рубеж туристов предпочитают путешествовать с группой (предпочитают групповые туры; отдают предпочтение групповым турам).

Задание 5

Ручная кладь

Когда я входил в самолёт, я очень волновался. Каким будет моё первое путешествие в Россию? Я ещё так плохо говорю по-русски и слова всё время забываю. Интересно, как по-русски говорят 系好安全带? Не помню. Забыл. А вот эта вещь как по-русски называется? Тоже не помню. О! А вот эти помню. Это самолёт. Это полка. Это кресло. А эта? Что же это такое? Слово точно учил, но не помню. Давно учил... Недели две назад. Нет... совсем не помню.

Справа у входа в самолёт я увидел газеты на русском языке. Я пока не могу читать газеты по-русски, слов мало знаю, но на первой странице была фотография какой-то красивой девушки!... А ещё Красная площадь и Кремль. Поэтому газету я, конечно, взял.

Красивая русская стюардесса с длинными ногами и ослепительной улыбкой, чем-то похожая на девушку с фотографии в газете, посмотрела мой билет, показала направо и сказала: «Вам сюда. Почти до конца. Ваше место у окна». И я пошёл направо.

Когда я шёл по проходу, то ужасно сердился. Передо мной медленно-медленно шли люди с маленькими чемоданами, крошечными детскими чемоданчиками с весёлыми картинками на них, большими и маленькими сумками и пакетами... Я пытался вспомнить, как все эти вещи называются по-русски одним словом. Времени у меня было много. Люди шли так медленно! Они останавливались, клали свои вещи на полки наверху, что-то долго обсуждали и наконец садились на свои места. А я стоял, ждал, в душе сердился, но вежливо всем говорил: «Не торопитесь! Никаких проблем! Я подожду». А сам всё время думал: «Как же все эти вещи называются?»

Наконец я добрался до своего ряда и попытался убрать свой чемодан наверх. Но везде было уже так много вещей. Я старался, как мог, но увы, мой чемодан не влезал на верхнюю полку. Не влезал он и под сиденье. Места было слишком мало. Я почти плакал. И тут подошла красавица-стюардесса, улыбнулась мне и спросила: «Это ваша ручная кладь?» И показала на мой чемодан. «Не волнуйтесь! – сказала она мне. – Давайте ваш чемодан. Я положу его в другое место».

Я отдал ей свой чемодан, занял своё место у окна и тут вспомнил: «Ручная кладь! Она сказала: "Ручная кладь". Конечно же, вот слово, которое я так долго не мог вспомнить! Ура!» Я сразу перестал сердиться и почувствовал себя почти счастливым. Я в самолёте. В нём красивые и вежливые стюардессы. Я уже знаю некоторые слова. Я готов к путешествию! Впереди меня ждут встречи с красивыми девушками на Красной площади у Кремля.

Задание 6

Здравствуйте!

Рада приветствовать вас на нашем канале. В Китае несколько сотен больших и малых городов. Какой же из них самый чистый? По рейтингу Общества изучения конкурентоспособности китайских городов первые пять мест занимают следующие города.

На пятом месте город Шаосин. Это город в провинции Чжэцзян. Это город в южной части Янцзы со свойственной этому региону богатой системой водных ресурсов (со свойственными региону богатыми водными ресурсами). На улицах города вы вряд ли увидите мусор. Реки и речные ресурсы города достаточно чистые (практически не загрязнены).

На четвёртом месте находится город Биньчжоу. Это очень зелёный город и это колыбель китайской культуры. Это город с китайским очарованием (со свойственным Китаю очарованием), город, соответствующий государственным нормам гигиены и санитарии.

На третьем месте находится город Лючжоу. Конечно, все согласятся, что это чистый город. Но для многих это также и экологически чистый город с развитой тяжёлой промышленностью. Лючжоу называют китайским Сингапуром. И он входит в число лучших туристических городов Китая.

Второе место занимает город Далянь. Его также называют Прибрежным городом. Это город окружного значения в провинции Ляонин. Далянь называют Северной жемчужиной и Окном в Северо-восточный регион. Далянь – это самый крупный портовый город на северо-востоке Китая. Какой же город занимает первое место?

На первом месте находится Сямынь. Это – это наиболее важный город на юго-восточном побережье. Почему же Сямынь самый чистый город? Это не только благодаря труду работников коммунальных служб (дворников) (Он очень чистый не только благодаря тем, кто убирает улицы), но и, прежде всего, благодаря организованности и любви к порядку жителей города. Гуляя по улицам города, вы можете насладиться его красотой.

А как вы оцените представленный рейтинг? На этом наш видеосюжет заканчивается. Если вы хотите увидеть другие сюжеты, пожалуйста, подписывайтесь на наш канал.

Задание 8

Текст 1   У подножия Великой китайской стены

Здравствуйте, уважаемые туристы! Я очень рад возможности с вами познакомиться. (Я очень рад с вами познакомиться; Я очень рад, что у меня появилась возможность с вами познакомиться.). Для меня большая честь приветствовать вас всех с прибытием в столицу нашей Родины – Пекин.

Я ваш гид Ли Ян. Очень рад, что сегодня у меня есть шанс (что сегодня я могу) вместе с вами посетить Великую китайскую стену. Рад приветствовать вас на Великой китайской стене. Великая китайская стена была включена в список Всемирного Наследия ЮНЕСКО в 1987 году.

Как говорят в Китае: Тот не герой, кто не поднялся на Великую Стену. Давайте будем героями сегодня. Программа у нас такая: в 8 часов утра начало экскурсии, в 16:00 (в шестнадцать ноль-ноль; в шестнадцать часов; в четыре часа вечера) – окончание.

Уважаемые туристы, когда мы будем на Великой китайской стене, обратите внимание на безопасность. Пожалуйста, не рисуйте на стенах, не бросайте мусор (не мусорьте, не оставляйте после себя мусор). Мы должны вести себя как культурные (цивилизованные) люди. А теперь я желаю вам приятной экскурсии и хорошо провести время (получить удовольствие от поездки)!

Давайте будем ценить каждую секунду, каждую минуту (каждое мгновенье), чтобы насладиться величественной Великой китайской стеной. Пожалуйста, пройдёмте сюда.

Текст 2   Приветствие гида в автобусе

Дорогие друзья, доброе утро! Как говорится в поговорке, «Если суждено, то встретимся и за тысячу вёрст». За окном всё зеленеет, дует свежий весенний ветерок, летают бабочки. В этот яркий весенний день мне доставляет огромное удовольствие познакомиться с вами и быть вашим гидом (Встреча с вами для меня большая честь). Прежде всего, от имени туристического агентства «Молодёжь» сердечно приветствую вас всех и приглашаю вас посетить Пекин. Надеюсь, что после этой поездки каждый из вас сможет полностью оценить очарование города Пекина и желаю вам приятно (прекрасно) провести здесь время. Теперь позвольте (разрешите) мне представиться. Меня зовут Ван Личэн. Родители назвали меня Личэн, потому что хотели, чтобы я был честным человеком. "Чэн" по-китайски значит 'честный'. Вы можете звать меня просто Сяо Ван. Нашего водителя зовут Чжан. Он работает водителем уже более 20 лет и хорошо водит машину, поэтому не беспокойтесь о безопасности. Если вам нужна какая-нибудь помощь во время поездки или вам что-то не очень нравится (вас что-то не совсем устраивает), пожалуйста, скажите нам об этом прямо. Мы сделаем всё возможное, чтобы вдали от дома вы чувствовали себя как дома.

Маршрут нашего тура таков: за три дня (в течение трёх дней) в Пекине мы посетим живописный Летний дворец Ихэюань, великолепную Великую китайскую стену, величественный, изысканный и в то же время простой (изысканный в своей простоте) древний Запретный город Гугун.

Здание, которое мы видим сейчас, это гостиница (отель) «Белый лебедь». Вы будете жить здесь несколько дней. Пожалуйста, закройте окна, возьмите свои вещи и выйдите из автобуса. Через полчаса мы соберёмся в холле на первом этаже гостиницы и отправимся (поедем) во дворец Гугун (в Запретный город).

Задание 9

1.

Г: Храм Василия Блаженного был воздвигнут на Красной площади в честь взятия Казани. Дабы архитекторы Барма и Постник не могли построить что-либо подобное, царь велел ослепить их.

О: Несмотря на эту печальную легенду мне тут нравится. Я останусь здесь.

С2: Да, прекрасное решение. И мы тоже останемся.

С1: Да-да, мы тоже.

Г: Синьоры, но я ещё не всё показал, не всё рассказал.

С2: Ну, это не важно.

О: Я с вами прощаюсь.

Г: Почему?

О: Потому что я так хочу.

Г: Да, но...

О: Очень была рада с вами познакомиться.

Г: Я тоже.

О: До свидания!

С2: Позвольте я возьму чемодан.

Г: Да, конечно.

С1: Куда она пошла?

С2: Чтоб тебя на всю жизнь так скрючило!

С2: Синьор гид, простите! В какой гостинице мы остановимся?

Г: В гостинице «Метрополь».

С2: Отлично! Гостиница «Метрополь». Давайте отправим туда наш багаж, если вы не возражаете, конечно.

Г: А, с удовольствием. Конечно.

С2: Сами пешком пройдёмся.

Г: Пешком по Москве... Я предупрежу шофёра.

С2: Да, пожалуйста.

С1: С ума сошёл? Какой «Метрополь»? Нам же в Ленинград надо ехать.

С2: В отель поедет только багаж. Ольгу нельзя упускать из виду.

Г: Дорогие друзья, перед вами гостиница «Россия». Гостиница «Россия» одновременно может принять у себя более пяти тысяч (5000)... Синьоры!

Г: Красная площадь – сердце Москвы и всей страны! Мне кажется, что вы преследуете эту девушку.

С1: Кто? Мы? Нет!

С2: Неужели вы так подумали? Она красивая девушка. А вам она не нравится?

Г: О, совсем наоборот.

С1: Она!

Г: ГУМ! Один из крупнейших универсальных магазинов в Европе.

С2: Колоссально!

5.

Г: 这是位于红场上的圣瓦西里大教堂，是为纪念攻克喀山而建造的，为了不让建筑师巴尔玛和波斯特尼克再建造起类似的教堂，沙皇下令弄瞎他们的眼睛。

О: 传说虽然悲惨，可我喜欢这儿，我留在这儿了。

С2: 是啊，是个好主意，我们也留下了。

С1: 是啊，是啊，我们也留下了。

Г: 我还没介绍完呢，没讲完呢。

С2: 这不重要。

О: 我和你们告辞了。

Г: 为什么？

О: 我就想告辞了。

Г: 是啊，可是……

О: 能认识你我很高兴。

Г: 我也是。

О: 再见！

С2: 请允许我拿箱子。

Г: 好的，那当然了。

С1: 她上哪儿去？

С2: 应该让你在这儿待一辈子！

С2: 请问导游先生，我们住哪个旅馆？

Г: 大都会旅馆。

С2: 好极了！大都会旅馆。请把我们的行李送去，如果你同意的话。

Г: 好的！

С2: 我们想走着逛逛莫斯科。

Г: 走着逛逛莫斯科？那好，那我和司机说一下。

С2: 好，请吧！

С1: 去什么"大都会"？我们应当马上去列宁格勒。

С2: 只是把行李送去，不能把奥莉加丢了。

Г: 朋友们，前面就是俄罗斯宾馆。这个宾馆可同时接待5000人……先生们！

Г: 红场，这是莫斯科以及我们全国的心脏。你们像是在跟踪那个姑娘，是吗？

С1: 跟踪？不，不是！

С2: 难道你不认为她是个漂亮姑娘吗？你不喜欢她吗？

Г: 正好相反。

С1: 在那儿！

Г: 国营百货商场！这是欧洲最大的商场之一。

Задание 12

Текст:

[Передача «Непутёвые заметки» (Первый канал), ведущий – тележурналист Дмитрий Крылов]:

Да, мои друзья! Всё верно. Сегодня мы с вами отправляемся на Камчатку. Совсем недавно я вас знакомил с зимней Камчаткой, а вот нынче – с летней.

Но для начала несколько интересных фактов о Камчатке, которые помогут нам с вами оценить всю уникальность этого огромного края. Огромного, потому что его площадь составляет 472 тысячи с лишним квадратных километров. Для сравнения... Ну, так нагляднее... Это чуть меньше всей Испании, или почти две Великобритании, или десять Швейцарий. Нет-нет, я вовсе не хочу ничем мериться, тем более, что размер Камчатки это не моя, да и не ваша заслуга... Это всего лишь представление о ее размере.

Итак, шесть интересных фактов о Камчатке, которые, возможно, вам были незнакомы.

Первый. На полуострове Камчатка находится около 30 (тридцати) действующих вулканов и около 300 (трёхсот) спящих.

Второй факт. Во времена СССР Камчатка была закрытой областью страны, куда не допускались иностранцы. Даже россиянам для посещения этих краёв требовалось оформлять специальное разрешение. Теперь же она открыта для всех.

Третье. В камчатских лесах проживает много медведей, правда, в основном небольших, весом до 200 (двухсот) килограммов.

Четвертое. Во времена СССР на Камчатке испытывали луноходы.

Пятое. Одна из причудливых особенностей местной природы – это грязевые котлы, в которых кипит и бурлит жидкая глина.

Ну, и наконец шестой факт. Почти все камчатские реки берут свое начало на ледниках или в горах, и поэтому вода в них не только холодная, но и настолько чистая, что ее можно безбоязненно пить.

Задание 13

1. Одна из *причудливых* (а) особенностей *местной* (б) природы–это *грязевые* (в) котлы, в которых кипит и бурлит *жидкая* (г) глина.

(а) *Причудливая* особенность местной природы– это грязевые котлы, в которых кипит и бурлит жидкая глина.

(б) У *местной* природы есть одна из причудливых особенностей (*или: Местная* природа имеет одну из причудливых особенностей). Это грязевые котлы, в которых кипит и бурлит жидкая глина.

(в) *Грязевые* котлы, в которых кипит и бурлит жидкая глина, – (это) одна из причудливых особенностей местной природы.

(г) Жидкая глина кипит и бурлит в *грязевых* котлах, которые являются одной из (*или:* представляют собой одну из) причудливых особенностей местной природы.

2. Почти все камчатские *реки* (а) берут своё начало на *ледниках* (б) или в *горах (*в*)*, и поэтому вода в них не только *холодная (*г*)*, но и настолько *чистая (*д*)*, что её можно *безбоязненно (*е*)* пить.

(а) *Реки* Камчатки, почти все из них, берут своё начало на ледниках или в горах, и поэтому вода в них не только холодная, но и настолько чистая, что её можно безбоязненно пить.

(б) На *ледниках* или в горах берут своё начало почти все камчатские реки, и поэтому вода в них не только холодная, но и настолько чистая, что её можно безбоязненно пить.

(в) *В горах* или на ледниках берут своё начало почти все камчатские реки, и поэтому вода в них не только холодная, но и настолько чистая, что её можно безбоязненно пить.

(г) *Холодной* и настолько чистой, что её можно безбоязненно пить, вода бывает почти во всех камчатских реках, потому что (или: так как) они берут своё начало на ледниках или в горах.

(д) *Чистой* настолько, что её можно безбоязненно пить, и холодной вода бывает почти во всех камчатских реках, потому что (или: так как) они берут своё начало на ледниках или в горах.

(е) *Безбоязненно* можно пить воду почти во всех камчатских реках, потому что (или: так как) она очень чистая. Ведь (*или:* потому что, так как) они берут своё начало на ледниках или в горах. По этой же причине вода в них холодная.

Задание 14

Текст 1

Байкал находится в южной части Восточной Сибири. Это огромное озеро с широкими пляжами с мелким светлым песком. Местные жители и многие люди в России традиционно называют Байкал морем. Одна из русских песен так и начинается: «Славное море, священный Байкал...». Байкал – самое глубокое озеро в мире. Его средняя глубина около 730 м, а максимальная глубина – 1 642 метра. В Байкале хранится 20% мирового запаса пресной воды.

Текст 2

Озеро Байкал. Самое древнее, самое чистое, самое глубокое. Его глубина 1,5 (полтора) километра. Его площадь больше территории Бельгии. Его объём превышает все Великие американские озёра вместе взятые. Если всё население Земли войдёт в воды Байкала, его уровень поднимется всего на три сантиметра.

Байкал питают 336 ледниковых рек. Нас много – он один. Слова «жажда» и «Байкал» не совместимы. Его силы хватит на всех.

Задание 16

1.

Полилог 1

Г: Добро пожаловать в Москву, синьоры! Кто здесь синьор Антонио Ламаццио?

Д: Он там.

Г: Синьор Антонио Ламаццио! Кто здесь синьор Антонио Ламаццио?

С1: Он ненормальный.

Г: Вы?

С1: Кто? Что? Что ты натворил?

Г: Я ваш гид.

С1: Гид?

Г: Да.

С1: Нам не нужен гид.

С2: Мы не просили. Нам даже плакать не на что, а вы говорите: «Гид».

Г: Синьоры, я бесплатно. Прошу взять цветы.

С1: Нет-нет. Не надо бесплатно. Мы обойдёмся путеводителем. Извините, синьор. Отдай цветы!

С2: Простите, а вместо бесплатного гида нельзя получить бесплатные часы?

Г: Слушайте, почему вы всё время вмешиваетесь? Я же не ваш гид, а его. Я буду сопровождать вас повсюду.

О: Пожалуйста, не упускайте их обоих из виду. Они так нуждаются в вашем внимании.

С2: Знаете, мы обойдёмся без вас, синьор гид. Займитесь, пожалуйста, этой прекрасной синьориной. Ей так скучно.

Г: С удовольствием!

О: Благодарю.

Г: Но именно синьор Антонио – миллионный итальянский турист, который посещает нашу страну.

С1: Я?

Г: Да.

С1: Мне только этого не хватало!

С2: И ты ещё не доволен?

С1: Конечно!

Полилог 2

Т1: Простите, вам придётся пройти со мной.

СН: Почему?

Т1: Мы должны произвести личный досмотр.

CH: Не, я не могу. Я тороплюсь.

T2: Прошу следовать за мной.

CH: Слушайте, я протестую! Вы не имеете права!

T1: Прошу вас.

CH: Я жаловаться буду.

T2: Вы можете жаловаться.

CH: Слушайте, я вам говорю: «Это насилие над личностью!»

T1 или T2: Мы имеем право.

CH: Оставьте меня в покое!

T1: Прошу вас.

CH: Что такое? Что такое?

B: Пожалуйста, мы вам аккуратно снимем гипс.

CH: Это безобразие! Это хамство!

T1: Я прошу вас сесть.

CH: Это нарушение всех международных правил!

B: Если там ничего нет, почему вы так волнуетесь?

CH: Слушайте...

T1: Садитесь.

CH: Не подходите ко мне! Не подходите ко мне! Я сам. Я сам. Ой-ой! Ой, мама! Ёлки!

B: Успокойтесь! Я вам помогу. Успокойтесь!

5.

Полилог 1

Г: 先生们，欢迎你们来莫斯科！哪位是安东尼奥先生？

Д: 他在那儿。

Г: 安东尼奥先生！请问哪位是安东尼奥先生？

C1: 他不正常。

Г: 是你？

C1: 什么？怎么了？

Г: 我是你的导游。

C1: 导游？

Г: 是的。

C1: 我们不需要。

C2: 我们没钱，要什么导游？谢谢你。

Г: 放心，我不收钱。这是给你的（花）。

C1: 不不！不需要，免费也不要。我们没有导游完全可以。还给他，快！

C2: 请问能不能提供免费的旅游指南？

Г: 我说，你这个人为什么老是打岔？我是来带你们游览的。

O: 别让他们两个人走掉了，他们是很稀罕你的陪伴的。

C2: 导游先生，我们没有你完全可以。请照顾这位小姐吧，她很寂寞。

Г: 我很乐意！

O: 谢谢你。

Г: 我是来祝贺你的，先生。你是来我国访问的第一百万个意大利旅游者。

C1: 我?

Г: 是的。

C1: 这么巧啊!

C2: 你还不满意?

C1: 有什么好高兴的!

Полилог 2

T1: 先生，对不起，请你跟我走一趟。

CH: 为什么?

T1: 我需要检查一下。

CH: 不行，我有急事。

T2: 请跟我来。

CH: 听着，我抗议! 你们没有权利!

T1: 请跟我走吧。

CH: 我要告你们。

T2: 你可以上告。

CH: 我告诉你们，你们这是侵犯人权!

T1或T2: 可我们得履行职责。

CH: 别靠近我，我自己来!

T1: 请吧。

CH: 怎么了? 你们这是怎么了?

B: 请吧，我们会很小心地把石膏拆下来。

CH: 真不像话! 太无理了!

T1: 我请您坐下来（就在这里）。

CH: 这是违反国际规定的!

B: 石膏里如果什么都没有，你激动什么?

CH: 你们听着……

T1: 坐下。

CH: 不，你别靠近我! 别靠近我! 我自己来，我自己来。噢! 噢，妈妈呀!

B: 安静点儿! 我来帮你。安静点儿!

Задание 17

Вопросы и требования таможенников	Ответы таможенников	Города, куда летят пассажиры	Цель поездки пассажиров
Откуда прилетели? Куда вы следуете? Цель поездки? Номер рейса? Вы по-русски говорите? Точно? Братья, да? Будьте любезны, повернитесь, пожалуйста.	Я не понимаю, что вы говорите. Так, это мне не надо... На любителя... Следующий! Не мешайте, пожалуйста! Счастливого пути! Добро пожаловать в Москву!	Ташкент Баку Ереван Тбилиси	Туристическая За нареченным Красную площадь Хочу посмотреть

Текст:

– Я всех встречаю одинаково. Я лицо официальное.

– Откуда прилетели?

– Цель поездки?

– Откуда?

– Ташкент.

– ...

– Я не понимаю, что вы говорите.

– Баку.

– Ереван.

– Цель поездки?

– Цель поездки?

– Цель поездки - туристическая.

– Точно?

– За нареченным.

– Красную площадь хочу посмотреть.

– Братья, да?

– ...

– Точно?

– Будьте любезны, повернитесь, пожалуйста!

– Да, простите.

– Так, это мне не надо...

–Мне надо! Красивая!

– На любителя.

– Следующий.

– Вы по-русски говорите?

– Казахстан...

– Не мешайте, пожалуйста!

– Ты представляешь, говорит мне: «Прости, просто ты слишком хороша для меня». А я ему говорю: «Минуточку! Так какие проблемы? Дай мне три месяца, и ты меня не узнаешь». Куда вы следуете?

– Тбилиси.

– Саш! Ты меня вообще не слушаешь?

– Извини.

– Что, не выспался?

– Да. Вчера футбол смотрел. Наши опять слили. Всю ночь не мог заснуть.

– Да ладно тебе из-за такой ерунды переживать. Цель поездки?

–Туристическая.

– Это не ерунда. Это футбол. Пока ты это не поймёшь, нормальный мужчина у тебя не появится.

– Симпатичный парень. Когда он после гола снимает футболку, я бы даже сходила на какой-нибудь матч.

– Ага, тебе это не грозит.

– Добрый день!

– Он редко забивает.

– Номер рейса?

– 747 (семьсот сорок семь).

– Счастливого пути!

– Вот раньше забивал, а теперь...

– Перестал?

– Да.

– Добро пожаловать в Москву!

Задание 20

(1) край

(2) мдвдь

(3) чст вода

(4) извстн мршрт

(5) извстн вдпд

(6) вдпд

(7) вск вдпд

(8) ршне

(9) двшка

(10) каньон

(11) плнвдн река

(12) дрвн

(13) чст и глбк озро

(14) амер озра

(15) грд.

(16) ⬜ᵀ

(17) Ⓤ Ⓟ

Задание 22

(1)

рф 口
Бэ) /
文
(口 прд. + уви)

(2)

1-6月 18ч.

тур° → рф ← КНР
───────────
бел

373 тыс. 577人

(3)

/. пли.
: истр.
(→ скз.)

(4)

КНР = 1st 2%
рф

(5)

ct 2/3月
{ 应
(← акв.)

(6)

КНР + k^x
↗
я: 1se
→ рф + р^x

(7)

♀ ВТО:
⊙ тур. + кул.

УРОК 8 Сопровождаем туристическую группу
в Китае и России

Задание 1

(1) туристическое агентство   旅行社

(2) 手提行李   ручная кладь

(3) 紫禁城   Запретный город

(4) бронирование отелей, авиа- и железнодорожных билетов   预订酒店、飞机票和火车票

(5) водитель автобуса   汽车司机

(6) 中国城市竞争力研究会   Общество изучения конкурентоспособности китайских городов

(7) 全俄旅游经营商和旅行社大会   Всероссийский конгресс туроператоров и турагентов

(8) 不到长城非好汉。   Тот не герой, кто не поднялся на Великую Стену.

(9) 圣瓦西里大教堂   Храм Василия Блаженного

(10) чувствовать себя как дома   宾至如归

(11) 教堂建好了。   Храм был воздвигнут.

(12) 活火山   действующий вулкан

(13) спящий вулкан   休眠火山

(14) выезд в другую страну   去其他国家

(15) 国家卫生健康标准   государственные нормы гигиены и санитарии

(16) дворник   清洁工

(17) 实用装饰艺术   декоративно-прикладное искусство

(18) доставить эстетическое удовольствие кому   得到审美享受

(19) экскурсионная программа   旅游的行程安排

(20) 有缘千里来相会。   Если суждено, то встретимся и за тысячу вёрст.

(21) 珍珠   жемчужина

(22) ледник   冰川

(23) печальная легенда   悲伤的传说

(24) пляжный отдых   海滩度假

(25) лечение на курортах   在疗养地治疗

(26) 多国游   комбинированные туры

(27) 黑海海岸   Черноморское побережье

(28) портовый город   港口城市

(29) полноводная река   水位高的河

(30) 风景如画的夏宫   живописный Летний дворец

(31) 垃圾   мусор

(32) максимальная глубина   最深处

(33) туристическое направление   旅游目的地

(34) 欣赏大自然的美景   наслаждаться красотой природы

(35) водные ресурсы   水资源

(36) весь спектр туристических услуг   全方位旅游服务

Текст

Фрагмент интервью советника посольства РФ в КНР Ю. Метелева о туристических возможностях КНР

– В Китае есть множество городов с богатым культурным и историческим наследием. Вы можете рассказать нам о том из них, который полюбился Вам больше всего?

– Мне трудно выбрать один город. Я в Китае работаю много лет. И объездил почти весь Китай. Выбрать один какой-то город мне очень сложно, потому что каждый город хорош по-своему. Могу только выделить места, которые произвели на меня большое впечатление. Конечно же, это Сиань – с музеями и терракотовыми воинами. Я его посетил очень давно – в 1989 году. Тогда этот город не был так развит, как сейчас, но то, что я увидел, произвело на меня очень глубокое впечатление.

Пекин. Когда я первый раз его посетил, он произвёл на меня колоссальное впечатление, особенно те места, которые я посетил – Храм неба, Зимний дворец, Гугун – императорский дворец.

Поскольку я уже долго живу в Китае, то я посетил здесь и много других мест. Например, мне очень нравятся маленькие китайские города, которые являются культурно-историческими памятниками, такие как Сучжоу, Ханчжоу. Перечислять можно очень много.

Что касается мест туристически привлекательных, то Китай – это уникальная страна. Потому что, помимо культурно-исторических памятников, здесь есть огромное количество природных памятников. Это горы Хуаншань, Утайшань... Совершенно потрясающее место в провинции Фуцзянь – Тулоу. В Синьцзяне очень много интересных мест. И в провинции Ганьсу, и в Цинхай, и в Тибете.

Но я считаю, что в Китае есть уникальное место, подобного которому нет нигде в мире, – это Хуанму. Я имею в виду район Цзючжайгоу в провинции Сычуань – необыкновенно красивое и уникальное место. Но оно и хорошо сохраняется. Хоть там и много туристов, но оно государством охраняется очень хорошо. Поэтому там сохранилась настоящая природная среда. Поэтому из всех природных заповедников, где я побывал, это место произвело на меня наибольшее впечатление.

1.
(1) В Сиане.
(2) В районе Цзючжайгоу в провинции Сычуань.
    В 1989 году.
    Сучжоу, Ханчжоу.

Текст 1

Общее число въездных турпоездок иностранных граждан в Россию за первые три месяца 2018 (две тысячи восемнадцатого) года составило 4, 3 (четыре целых три десятых) миллиона. Украина, Казахстан и Китай стали лидерами по росту числа въезжающих в Россию туристов.

Текст 2

Китай пользовался повышенной популярностью как туристическая точка (туристическое направление), и в 2002 (две тысячи втором) году количество иностранных туристов в КНР было рекордным на тот момент – 702, 6 млн. (семьсот две целых шесть десятых миллиона) человек.

Китай является (стал) одним из самых привлекательных направлений для иностранных туристов, и в 2002 (две тысячи втором) году количество иностранных туристов в КНР было рекордным на тот момент – 702, 6 млн. (семьсот две целых шесть десятых миллиона) человек.

Текст 3

В список объектов Всемирного наследия ЮНЕСКО в Китае на 2017 (на две тысячи семнадцатый) год было включено 52 (пятьдесят два) наименования. Это составило 4, 9% (четыре целых девять десятых процента) от общего числа. При этом общее число объектов Всемирного наследия ЮНЕСКО в мире на этот год составило 1073 (тысяча семьдесят три) объекта. 36 (тридцать шесть) объектов были включены в список по культурным критериям, 12 (двенадцать) объектов – по природным и 4 (четыре) – по смешанным.[1]

Текст 4

Разработка новых туристических маршрутов способствует быстрому развитию зимнего туризма. В 2007 (две тысячи седьмом) году Тибетский автономный район посетило свыше 4 млн. (четырёх миллионов) туристов, что на 60% (шестьдесят процентов) больше, чем в 2006 (две тысячи шестом) году, а доходы от туризма составили около 4, 8 млрд. (четырёх целых восьми десятых миллиардов) юаней (более 680 млн. / шестисот восьмидесяти миллионов) долларов), что на 73% (семьдесят три процента) больше, чем в 2006 (две тысячи шестом) году.

Текст 5

Международный центр приграничного сотрудничества «Хоргос» – идеальное новое место туристического отдыха и настоящий рай для шоппинга на Западе Китая. На данный момент в центре открыто более 40 (сорока) магазинов беспошлинной торговли. Обычно за день через пункты пропуска в центр приграничного сотрудничества проходит порядка 10 тыс. (десяти тысяч) человек, а в пиковый период их количество превышает 20 тыс. (двадцать тысяч).

Текст 6

По статистике, в 2017 (в две тысячи семнадцатом) году во всём мире общие доходы от туризма составили 1 трлн 340 млрд (один триллион триста сорок миллиардов) долларов США, что на 94 млрд (девяносто четыре миллиарда) долларов больше по сравнению с показателем 2016 (две тысячи шестнадцатого) года. В частности, расходы китайских туристов составили приблизительно пятую часть от общего объема глобальных доходов от туризма. В 2017 (две тысячи семнадцатом) году число туристов в мире достигло 1 млрд 323

---

1 截止到 2021 年 8 月，中国世界遗产总数达到 56 处，其中世界文化遗产 38 项，世界自然遗产 14 项，世界文化与自然双重遗产 4 项。

млн (одного миллиарда трёхсот двадцати трёх миллионов) человек, что выше данных 2016 (две тысячи шестнадцатого) года на 84 млн (восемьдесят четыре миллиона) или на 7% (семь процентов). Это стало самым значительным ростом с 2010 (две тысячи десятого) года.

текст 1	общее число въездных турпоездок иностранных граждан в Россию	три месяца// 2018 год 4,3 миллиона
текст 2	количество иностранных туристов в КНР	2002 год, 702,6 млн. человек
текст 3	список объектов Всемирного наследия ЮНЕСКО в Китае	52 наименования (= объекта) 2017 год //4,9 %
	общее число объектов Всемирного наследия ЮНЕСКО в мире	1073 объекта // 2017 год
	критерии: – культурные	36 объектов
	– природные	12 объектов
	– смешанные	4 объекта
текст 4	Тибетский автономный район	2007 год//свыше 4 млн. туристов//60%//2006 год
	доходы от туризма	около 4,8 млрд. юаней (более 680 млн. долларов) 73%//2006 год
текст 5	международный центр приграничного сотрудничества «Хоргос»	/
	Беспошлинная торговля	более 40 магазинов
	обычно за день через пункты пропуска; обычно; в пиковый период	порядка 10 тыс. человек более 20 тыс. человек
текст 6	общие доходы от туризма в мире	2017 год//1 трлн 340 млрд долларов США//94 млрд долларов//2016 год
	расходы китайских туристов от общего объема глобальных доходов от туризма	пятая часть
	число туристов в мире	2017 год//1 млрд 323 млн человек//2016 год//84 млн человек//7%//2010 год

Задание 5

Приезжайте к нам в Сочи!

На берегу Чёрного моря раскинулся город Сочи. Этот приморский город – одно из лучших курортных мест России. Туристы приезжают сюда отдыхать во все сезоны: весной, летом, осенью, зимой.

Летом Сочи – прекрасное место для пляжного отдыха и занятий водными видами спорта. В разгар сезона на пляжах Сочи можно увидеть множество отдыхающих.

Зимой город превращается в горнолыжный курорт. Сюда приезжают отдыхать не только обычные люди, но и руководители государства. Так, здесь нередко бывает президент России. В Сочи есть горнолыжные трассы разной протяжённости и разного уровня сложности. Так что активный отдых тут организован не только для спортсменов, но и для любителей. Вы даже можете научиться здесь кататься на горных лыжах. В этом вам помогут опытные инструктора. Кстати, на курортах Сочи без труда можно найти инструктора по горным лыжам, который говорит по-китайски.

Весной и осенью отдыхающие могут гулять по горам и наслаждаться природой. В горах Кавказского биосферного заповедника есть также пешие экомаршруты разной протяжённости и уровня сложности, велотрассы.

Пожилые люди и семьи с детьми могут отдохнуть в многочисленных домах отдыха и санаториях.

Отдых в Сочи подарит вам массу новых впечатлений! Приезжайте к нам в Сочи!

Задание 7

Текст 1

我们周六的游览结束了，希望我和导游达丽雅能够让大家（对这里）感兴趣。如果大家感兴趣，叶戈里耶夫斯克博物馆每天9—19点等着您。在这里，您可以看到历史展品。期待下一次与您相见！

Текст 2

你们再多玩几天吧，多走走、多看看。一定要再来北京，到时候我们一起学汉语，一起度过愉快的时光。再见！

Текст 3

我们的旅程即将在戏剧广场结束。回顾历史，20世纪60年代，这里曾计划全面重建。先是建几个金属拱门，每个门都有9层楼那么高。但是，正如我们所见，建筑师的计划没能实现。

Задание 8

Текст 1

Дорогие друзья! Уже через 10 минут наша поездка заканчивается. Я не хочу прощаться с вами (от всей души не хочу всем вам говорить «До свидания»). Эта поездка не могла бы состояться (Это путешествие не могло бы состояться; Эта поездка не состоялась бы) без вашей поддержки и сотрудничества. За эти дни мы познакомились и в конце концов подружились. Когда мы будем прощаться, хотелось бы услышать ваши советы и замечания, чтобы помочь мне улучшить мою работу в будущем (Это поможет мне улучшить мою работу в будущем).

Текст 2

Как быстро летит время! Нам пора прощаться. Уже через два часа вы уезжаете из

Пекина. От имени нашего туристического агентства, от имени водителя и от себя лично я хотел бы выразить всем вам сердечную (искреннюю) благодарность (выражаю искреннюю благодарность всем) за вашу поддержку и понимание во время всего нашего тура. Ну, наша экскурсия по Пекину подошла к концу, спасибо всем за внимание! И желаю всем счастливого пути!

Текст 3

В китайской пословице говорится: «Нет праздников, которые бы не кончились» (Нет (не бывает) пира без конца; все хорошее рано или поздно заканчивается). Наша поездка по городу Далянь подошла к концу. Я уверена, что чистый город, европейская архитектура [зданий] и морепродукты (морские продукты) произвели на вас огромное (глубокое, большое) впечатление. Благодарю вас (Спасибо) за вашу поддержку и понимание во время экскурсии. Каждый из вас теперь стал мне другом. Надеюсь, что наша дружба будет длиться вечно (никогда не кончится). Приглашаю всех желающих снова посетить Далянь (добро пожаловать в Далянь в любое время!). Наша туристическая фирма и я предоставим вам лучшие услуги (лучший сервис). Ну, а теперь желаю вам всего наилучшего! Счастливого пути! (Желаю всем удачи и счастливого пути!)

Задание 9

Видеосюжет 1

Мы с вами находимся перед Китайским домиком. Найти такой домик в Москве достаточно просто. Достаточно спросить, где Китайский домик или Дом чая. Второго такого в Москве нет.

呈现在我们眼前的是一栋中国风格的小房子。在莫斯科很容易找到这幢房子，只要问中国风格的小房子或茶馆在哪里，就什么都清楚了，莫斯科没有第二栋这样的房子。

Видеосюжет 2

Китай. Наш великий по территории и особенно по населению сосед. Пекин-столица великого Китая. Один из центров древней китайской цивилизации. И всё в этой стране великое, даже стены.

中国是我们伟大的邻居，幅员辽阔，人口众多。北京是伟大中国的首都，是伟大的中华文明中心之一。这个国家的一切都很伟大，比如长城。

Видеосюжет 3

По статистике 25% (двадцать пять процентов) отпускного бюджета каждый турист тратит на еду. От того, насколько она вкусная и разнообразная, во многом зависит общее впечатление от отдыха. В два раза увеличилось количество гостей Коломны с тех пор, как её брендом стала пастила. В тематическом музее десерт изучают, дегустируют, готовят и увозят с собой в качестве подарка. Ежемесячно авторы проекта имеют до 450 (четырёхсот пятидесяти) тысяч рублей чистой прибыли. В прошлом году город презентовал новый тур «Ароматы и вкусы Коломны». В основе опять же экскурсия на фабрику пастилы.

据统计，每位游客将25%的休假预算花在了吃上。因为休假的整体印象在很大程度上取决于食物是否可口、多样。自从科洛姆纳的软果糕出名后，科洛姆纳的游客数量增加了一倍。在主题博物馆，游客学习制作甜点，品尝甜点，甜点做好后还可以当作伴手礼带走。每个月该项目的设计者都会获得45万卢布的净利润。去年，科洛姆纳市推出了新的旅游项目"科洛姆纳的芳香和味道"，内容是去软果糕厂参观。

Задание 10

这个瀑布位于中国北部，被列入中国最美丽的40个景点目录。黄河的宽度在这里骤然变窄，因为形似茶壶嘴，就得来了"壶口"这一称呼。瀑布水流高度20余米，是中国第二大瀑布。冬天河水结冰后，变成庞大的冰城堡。巨大的冰柱和冰块形成了，大自然用大量的冰柱和冰冻的小瀑布垒成了堡垒。水雾里会出现彩虹。游客如果想看到大自然建造冰城堡的过程，最好这个季节来看瀑布。

Задание 11

1.

从以下图表不难看出，2017年我国旅游总收入5.4万亿元，比2012年增长2.81万亿元，年均增长15.83%。2017年国内旅游市场为50亿人次，比2012年增长69.12%，年均增长11.08%；2017年国内旅游收入为4.57万亿元，比2012年增长101.15%，年均增长15%。2017年入境旅游人数为1.39亿人次，比2012年增长5%，年均增长1%……

Перевод:

Из приведённой ниже таблицы видно, что общий доход от туризма в Китае в 2017 году составил 5,4 трлн. юаней и увеличился на 2,81 трлн. юаней по сравнению с 2012 годом. Среднегодовой прирост составлял 15, 83%. Внутренний рынок туризма в 2017 году составил 5 млрд. человек, что на 69, 12% больше, чем в 2012 году. Среднегодовой прирост составлял 11,08% в год. В 2017 году внутренний доход от туризма во внутреннем Китае составил 4,57 трлн. юаней, что на 101,15% больше, чем в 2012 году. Среднегодовой прирост составлял 15% в год. В 2017 году число прибывающих туристов в Китай составило 139 миллионов человек, что на 5 процентов больше, чем в 2012 году. Среднегодовой прирост составлял один процент в год...

2.

Из приведённой ниже таблицы видно, что с начала реализации упрощенного визового режима за последние три года количество туристов из Китая в Россию увеличивалось с каждым годом. Туристы из Китая совершили за 12 месяцев 2016 года более 762 452 (семисот шестидесяти двух тысяч четырёхсот пятидесяти двух) поездок в Россию в рамках Соглашения о безвизовых групповых поездках, что на 41% (сорок один процент) больше, чем в начале года. Число безвизовых туристов из Китая в России составило 943 722 (девятьсот сорок три тысячи семьсот двадцать два) человека за 12 месяцев 2017 года, что на 23% (двадцать три процента) больше, чем в начале года. В июне 2018 г. количество туристов, прибывших в Россию из Китая без визы, достигло 373 577 (трёхсот семидесяти трёх тысяч пятисот семидесяти семи) человек, что на 20% (двадцать процентов) выше, чем в январе того же года...

Перевод:

从下表可以看出，自简化签证制度协议生效以来，近三年赴俄罗斯旅游的中国游客数量逐年增加。2016年12个月，通过团队免签前往俄罗斯旅游的中国游客人数超过762 452人次，比上一年增长超过41%。2017年12个月，中国赴俄罗斯免签游客的数量达到943 722人次，比上一年增长超过23%。2018年1月到6月，免签赴俄旅游的中国游客人数达到373 577人次，比去年同期增长超过20%……

Задание 12

1.

(1)

(а) *Улицы* города Сямэнь и прогулка по ним доставят вам истинное наслаждение.

(б) *Город Сямэнь* и прогулка по его улицам доставят вам истинное наслаждение.

(в) *Доставить* вам истинное наслаждение может прогулка по улицам города Сямэнь.

(г) *Истинное* наслаждение доставит вам прогулка по улицам города Сямэнь.

(д) *Наслаждение,* причём истинное, доставит вам прогулка по улицам города Сямэнь.

(2)

(а) *Статья* о гастрономическом туризме в Интернете сообщает, что гастрономический туризм – это вид туризма, в котором местная культура познаётся через местные кулинарные традиции./ *В статьях* о гастрономическом туризме, которые размещены в Интернете, вы прочитаете, что это вид туризма, в котором местная культура познаётся через местные кулинарные традиции.

(б) *Прочитав* в Интернете любую статью о гастрономическом туризме, вы узнаете, что это вид туризма, в котором местная культура познаётся через местные кулинарные традиции.

(в) *Вид* туризма, в котором местная культура познаётся через местные кулинарные традиции, называется гастрономическим туризмом. Об этом вы можете прочитать в любой статье, которую найдёте в Интернете.

(г) *Познать* местную культуру через местные кулинарные традиции предлагает особый вид туризма, который называют гастрономическим. Об этом вы можете прочитать в любой статье, которую найдёте в Интернете.

(д) *Местные* кулинарные традиции помогают познать местную культуру. Вид туризма, изучающий местные кулинарные традиции, называется гастрономическим. Об этом вы можете прочитать в любой статье, которую найдёте в Интернете.

(3)

(а) *Приезжают* туристы к водопаду Хукоу на реке Хуанхэ именно в это время года, чтобы увидеть, как природа мастерит свою зимнюю крепость.

(б) *К водопаду Хукоу* туристы приезжают именно в это время года, чтобы увидеть, как природа мастерит свою зимнюю крепость.

(в) *На реке Хуанхэ* находится (есть) водопад Хукоу. Туристы приезжают к нему именно в это время года, чтобы увидеть, как природа мастерит свою зимнюю крепость.

(г) *В это время года*, именно в это, туристы приезжают к водопаду Хукоу на реке Хуанхэ, чтобы увидеть, как природа мастерит свою зимнюю крепость.

(д) *Увидеть* водопад Хукоу на реке Хуанхэ и как природа мастерит там свою зимнюю крепость, туристы приезжают именно в это время года.

Задание 13

Всё, чему меньше тысячи лет, в Китае считается новым. Терракотовая армия, безусловно, старая. Но есть здесь кое-что и подревнее.

Одна из самых почитаемых святынь Китая – могила легендарного основателя даосизма Хуан-ди, который, как считают, правил с 2697 (две тысячи шестьсот девяносто седьмого) по 2597 (две тысячи пятьсот девяносто седьмой) годы до н.э. (до нашей эры), то есть 4,5 (четыре с половиной) тысячи лет назад.

4 (четвёртого) апреля очень многие китайцы со всего мира, где бы они ни жили, стремятся попасть именно в это место недалеко от города Яньань в окрестностях Хуанлинь, чтобы отдать дань уважения легендарному Хуан-ди, Жёлтому императору, который считается родоначальником всех китайцев.

Историк Чен Тен Те терпеливо объясняет всем, что на самом деле Хуан-ди не был императором. Это был человек по имени Сюанье Хунь Ци, который родился на берегах Хуанхэ – Жёлтой реки. По её прозвищу он и стал именоваться. У него, хоть и не императора в современном понимании, но всё же могучего властелина, было 25 сыновей, и 14 из них стали основателями известных китайских кланов.

Хуан-ди очень важен для всех китайцев. Он подчинил себе вождей отдельных племён, создав единую общину – первое китайское государство в горах Куньлунь. При нём возникла первая письменность – иероглифы, были написаны первые законы. Также считается, что при нём были придуманы компас и шёлк.

Задание 14

2.

(1)

(2)

(3)

(4)

(5)

(6)

Задание 16

3.

(1)

тур°
(РФ↓
1~7д '18 г.)↑²

(2) Т:
без п. + д
→
ноу., план, см., ₅, мачн,
фото, вид.

(3)

зак.
—ᵐ→ к.

но ←✗

(4)

'18г.
К° ⊞ ①млн.°
‖↑
↑ ←□ кнр

(5)

48
(4п)→ Сл.

(6)

N Кав.
'18г., 1.5 млн°
к '24г. ↑ᵐ до 3 раза
ᵐ ⇄ > тур.
СКФО ⇄ '35г.

ПРИЛОЖЕНИЕ 2

Символы переводческой скорописи, использованные в учебном пособии

1	,,	говорить, заявлять, выступать, сообщать, разговор, оратор
2	,,	приказ, постановление
3	⌇	соревнование, конкурс
4	ДИП	международный, дипломат
5	Ж	жизнь
6	△	представить, делегат, посол; представитель
7	⊙	точка зрения, идея
8	□	страна, государство, территория
9	=	быть, являться, составлять, равняться
10	⊙	съезд , конференция, встреча; переговор; обсуждение
11	《	граница
12	*E*	народ , нация
13	ⓧ	человечество
14	⊡	земной шар, весь мир; всесторонний
15	⊓	цель, задача
16	⌐	создать, строить
17	⊰	расширять
18	♀	руководитель , глава

19	←	получать, вывозить, принимать, приём, экспорт; выезд, выезжать; привлекать
20	→	передавать, ввозить, прибывать; отправка, въезд, въезжать; импорт
21	↑	увеличить, повышать; увеличение, усиление, рост
22	↓	уменьшать, понизить; падение, уменьшение, сокращение
23	O^3	мне сказали
24	✕	ошибка, против, отрицать
25	⊢→	удар, вмешательство
26	(ор)	общий рынок
27	↻	совещание на высшем уровне
28	⌣	помощь, поддержка
29	$-\!o-^2$	взаимоотношения
30	$-\!o-$	сотрудничество, соглашение, солидарность
31	<	открытие; начинать; больше
32	⑪	экономика, хозяйство
33	>	закрытие; завершение, заканчивать; меньше
34	↳	в будущем, после, завтра
35	ДА	одобрение, уверенность
36	∿∿	движение, развитие, деятельность
37	d	необходимость
38	m	возможность
39	⛅	Северное (полярное) сияние

40	⊗	видеть, смотреть; глаза
41	⌣²	взаимная помощь
42	⁒	много
43	↝	предлагать
44	Σ	общая сумма
45	?	вопрос
46	↵	в прошлом, вчера
47	1st	самый + 形容词
48	☆	важно; важность
49	&	и
50	□²	множественное число(2): страны—□²
51	⊥	укрепить, усиливать
52	⫽	беседа

В помощь переводчику, сопровождающему туристическую группу

🎧 **Слушайте и устно переводите на китайский язык реплики. Слушайте правильный ответ.**

В самолёте 在飞机上

1. Принесите, пожалуйста, одеяло.　请给我一条毯子。(麻烦您给我一条毯子。)

2. Не могли бы вы принести подушку?　能给我一个靠枕吗？(劳驾给我一个靠枕。)

3. В салоне очень душно. Пожалуйста, включите кондиционер.　机舱里很闷，请把空调打开吧。

4. В салоне очень холодно. Будьте добры, выключите кондиционер.　机舱里很冷，请把空调关上吧。

5. Где можно налить горячей воды?　哪里有热水？

6. Принесите, пожалуйста, воды.　请给我一点水。

7. Этот пассажир заказывал диетическое питание.　这位乘客订了特殊餐食。

8. Можно вас на минуточку! Это срочно! Одной туристке очень плохо. Потеряла сознание.　请您等一下，有紧急情况，一位女乘客情况不好，她昏迷了。

9. Телевизор не работает.　电视不好使 (电视坏了)。

10. Принесите наушники, пожалуйста.　请给我一副耳机。

11. В самолёте можно зарядить телефон?　飞机上可以给手机充电吗？

12. Во время полёта можно пользоваться компьютером? А планшетом? А мобильным телефоном?　飞行期间可以用电脑吗？平板电脑可以用吗？手机可以用吗？

13. Где можно перепеленать ребёнка?　在哪儿可以给婴儿换尿布？

14. У нас в группе инвалид. Можно попросить коляску к трапу?　我们这里有一位残疾旅客，可以用轮椅把他送到舷梯口吗？

15. У одного из пассажиров нет тёплой одежды. Мы можем взять одеяло из салона?　一位乘客穿得不多，可以拿条毯子吗？

16. У вас есть миграционные карты (карточки прибытия)?　您有入境卡吗？

17. Могу я попросить у вас ручку?　能借用一下您的笔吗？

18. Как скоро мы прилетим?　我们快到了吧？

19. Как долго ещё лететь?　还要飞很久吗？

20. Почему мы не взлетаем?　我们为什么不起飞？

21. Рейс задерживается или мы прилетаем вовремя?　航班会延误还是按时抵达？

22. Встречающие знают, что рейс задерживается?　接机人知道航班延误吗？

23. (Не) желаете приобрести что-нибудь? Мы принимаем рубли, доллары или юани. 您想买点什么吗？卢布、美元和人民币我们这里都可以用。

24. Какую валюту вы принимаете? 您这里可以用哪种货币？

25. Простите, пожалуйста, я могу пересесть? 请问，我可以换个座位吗？

26. Убедительная просьба выключить телефоны и компьютеры во время взлёта и посадки. 飞机起飞和下降时请务必关闭手机和电脑。

27. Просим не пользоваться телефонами во время взлёта и посадки. 飞机起飞和下降时请不要使用手机。

28. Будьте добры, ваш посадочный талон. 请出示您的登机牌。

Пограничный (паспортный) контроль 边检

29. Ваш паспорт, пожалуйста. 请出示您的护照。

30. В первый раз в России? 您是第一次来俄罗斯吗？

31. Когда были в России в прошлый раз? 上一次您是什么时候来俄罗斯的？

32. Откуда прилетели? 您从哪儿来？

33. Куда вы следуете? 您要去哪儿？

34. Цель поездки? 此行的目的？

35. Номер рейса? 航班号是什么？

36. Вы по-русски говорите? 你会讲俄语吗？

37. Будьте любезны, посмотрите в камеру, пожалуйста. 请看摄像头。

38. Снимите очки, пожалуйста, и посмотрите на меня. 请摘掉眼镜，看着我。

39. Поднимите ребёнка повыше. 把孩子抱得高一点。

40. Добро пожаловать! 欢迎！

41. Приятной поездки! 祝您旅途愉快！

42. Проходите. 请往里走。

43. Следующий. 下一位。

44. Не заходите за ограничительную линию, пожалуйста. 请不要越过隔离线。

45. Ваша карта прибытия? 请出示您的入境卡。

Предполётный досмотр 安检

46. Снимите ремень, пожалуйста. 请把皮带解下来。

47. Снимите обувь. 请把鞋脱下来。

48. Снимите куртку. 请把外衣脱下来。

49. Снимите шарф. 请把围巾摘下来。

50. Снимите головной убор. 请把帽子摘下来。

51. Выньте металлические вещи из кармана. 请把口袋里的金属物品拿出来。

52. Выньте из кармана все звенящие предметы. Всё, что содержит металл. 请把口袋里所有金属物品都拿出来。

53. Что у вас в карманах? Выньте, пожалуйста, и положите сюда. 您口袋里有什么？请拿出来，放在这里。

54. Положите вещи в лоток. 请把东西放在篮子（置物筐）里！

55. Выньте из сумки компьютер, телефон, планшет. 请把电脑、手机、平板电脑从包里拿出来！

56. Ноутбук, айпад, телефон, пауэр бэнк (Power Bank) вынимаем из чемодана и кладём в лоток. 请把笔记本、iPad、手机、移动电源（充电宝）从行李箱拿出来，放在置物筐里！

57. У вас есть айпад? Выньте, пожалуйста, и положите в лоток. （您）有iPad吗？请拿出来，放在置物筐里。

58. Внешний аккумулятор есть? 有外置电池吗？

59. Батарейки везёте? 有电池吗？

60. Поднимите руки. （请）把胳膊抬起来。

61. Руки в стороны. （请）张开双臂！

62. Повернитесь лицом ко мне. （请）面向我！

63. Повернитесь ко мне спиной. （请）向后转！（请）转身背对我！

64. Приподнимите правую ногу. （请）把右脚抬起来。

65. Можете проходить. 您可以往里走了。

66. Проходите. （请）往里走！

67. Жидкости провозить нельзя. 禁止带液体。

68. Продукты провозить запрещено. 禁止带食品。

69. Драгоценности везёте? 您是否带了珠宝？

70. Алкоголь, сигареты везёте? 您是否带了酒和香烟？

71. Вам придётся заплатить штраф. 您得交罚款。

72. У вас есть товары, подлежащие декларированию? 您有要报关的东西吗？

73. Это маникюрные ножницы? Простите, но колющие и режущие предметы провозить не разрешается. 这是指甲刀吗？对不起，不允许携带锐器上飞机。

74. Вам нужно сдать ваш парфюм в багаж. 您的香水得托运。

75. Воспламеняющиеся жидкости провозить запрещено. 不允许携带易燃液体上飞机。

76. Аэрозольные баллончики в салоне самолёта провозить нельзя. Я вынужден изъять ваш дезодорант. 喷雾器是不允许上飞机的，请把您的爽身喷雾拿出来。

77. Жидкости больше 100 миллилитров запрещены к провозу. Простите, но мы должны изъять алкоголь. 超过100毫升的液体禁止带上飞机。对不起，您得把这瓶酒拿出来。

78. Мы вынуждены изъять ваш раствор для контактных линз, так как объём больше 100 миллилитров. 您得把这个隐形眼镜护理液拿出来，因为超过了100毫升。

79. Вы имеете право провезти одно место багажа весом 23 (двадцать три) килограмма. У вас перевес. Вам нужно заплатить за перевес. 您可免费托运23公斤的物品。您的行李超重了，您得交超重费。

80. У вас негабаритный чемодан, его размер больше разрешённого. 您的行李箱太大了，超过了规定的尺寸。

81. Поставьте, пожалуйста, вашу ручную кладь в рамку. Видите, её размер больше разрешённого. 请把您的手提行李放在测量架上。您看，超过规定的尺寸了。

Беседа с врачом　　与医生交谈

82. Как вы себя чувствуете?　您感觉如何？

83. Можете говорить?　能说话吗？

84. Что случилось?　出什么事了？

85. Где болит? Покажите, пожалуйста.　哪儿疼？指给我看看。

86. Здесь больно? Согните руку.　这里疼？把胳膊弯一下。

87. Как болит? Оцените по шкале от 1 до 10 (от одного до десяти).　有多痛？用 1—10的等级描述一下。

88. Вас тошнит?　您恶心想吐吗？

89. Вас рвало?　您吐了吗？

90. Голова болит?　头疼吗？

91. Знобит?　感到冷吗？

92. Хорошо, подождите чуть-чуть, пожалуйста. Сейчас узнаем, есть ли на борту врач. А командир пока свяжется с врачом-консультантом на земле. И тогда мы примем решение. Вы, пожалуйста, останьтесь с ней. Если станет хуже, срочно вызывайте стюардессу.　好，请您再等一小会儿。我们现在去看看飞机上是否有医生。机长正在和地面的医生联系呢。等联系好了，我们再做决定。请您和她留在这里，如果情况恶化，立即呼叫乘务员。

93. У вас есть проблемы с здоровьем?　您身体有问题吗？

94. У вас есть хронические заболевания?　您有慢性病吗？

95. Какие лекарства вы обычно принимаете?　您平时都吃什么药？

96. Лекарство у вас с собой? Покажите.　您随身带药了吗？给我看看。

97. Это аналог вашего лекарства. Видите: действующее вещество то же самое.　这个药和您的药是一类的。您看，药的成分都是一样的。

98. Вам надо пойти в аптеку, показать этот рецепт и купить лекарство.　您应该去药店，出示处方买药。

99. Принимайте таблетки 3 раза в день после еды. Если через 2 дня не станет лучше, вам надо опять показаться врачу.　这个药每天三次，饭后服用。如果两天后还不好转，您就得再去看医生。

100. Ваша фамилия и имя, пожалуйста?　您的姓名？

101. Ваш возраст? Сколько вам полных лет?　您的年龄？具体岁数？

102. Контактный номер телефона? С кем связаться в случае необходимости?　您的联系电话是什么？必要时和谁联系？

103. К кому обратиться в экстренном случае? Контакты ваших родственников? Их домашний адрес и телефон?　在紧急情况下应找谁？您亲属的联系方式是什么？请告知他们的住址和电话。

Ресторан, кафе　饭店

104. У нас не хватает столовых приборов. Принесите, пожалуйста, две чашки, вилку, три ложки и нож.　我们的餐具不够，请加两个杯子、一把叉子、三个小汤匙和一把餐刀。

105. Замените, пожалуйста, тарелку. Она битая. 请换一个盘子，这个破了。

106. У вас есть палочки? 您这里有筷子吗？

107. У нас нет салфеток. Принесите, пожалуйста. 我们没有餐巾纸，请拿些来。

108. Где можно помыть руки? 哪里可以洗手？

109. В этом ресторане шведский стол или порционная еда? 这家餐厅是自助餐还是点餐？

110. У вас есть меню на китайском языке? А на английском? 你们有中文菜单吗？英文的菜单呢？

111. Если вы проголодались, можете перекусить в кафе. С 12 до 14 часов бизнес-ланч. 如果饿了，可以在咖啡店吃点东西。中午12点到下午2点都有商务餐。

112. Вы можете пообедать в кафе или столовой. Там обычно не очень дорого. В ресторанах еда обычно дороже. 你们可以在小吃店或者食堂吃午饭。那里的饭菜不太贵。饭店里的更贵些。

113. Выпить чай или кофе и съесть пирожное можно в кафе-кондитерской. 可以在甜品店里喝点茶或咖啡，吃些点心。

114. В России мало кафе, в которых вы можете позавтракать. Если будете искать информацию о кафе в Интернете, внимательно смотрите часы работы. 在俄罗斯能提供早餐的咖啡店很少。如果您要在网上找咖啡店，要仔细看营业时间。

115. Сегодня суббота, а это популярный ресторан. Столик лучше забронировать заранее. 今天是周六，这家饭店又很受欢迎，最好提前订桌。

116. В городе много китайских ресторанов. 市里有很多中国餐馆。

117. Попробуйте узбекскую и грузинскую кухню. Думаю, вам понравится. 请尝尝乌兹别克斯坦和格鲁吉亚的菜，想必你们会喜欢的。

118. Где лучше попробовать морепродукты? 哪儿吃海鲜比较好？

119. Какие блюда вы нам посоветуете попробовать? 您建议我们品尝哪些菜？

120. Посоветуйте нам хороший интерьерный ресторан с живой музыкой. 请给我们推荐一家环境好、有现场演奏的餐厅。

121. В каких ресторанах в этом городе есть шведский стол? 这个城市的哪些餐厅有自助餐？

122. Какую еду подают в пабах? 酒吧里都有什么吃的？

123. Где можно выпить хорошего живого пива? 在哪里能喝到好的生啤？

124. Дают ли бесплатный напиток при заказе? 订餐可以赠送饮料吗？

На автобусной экскурсии　乘坐巴士观光

125. Когда будет ближайшая техническая остановка? 什么时候能到最近的服务区？

126. Остановите, пожалуйста, автобус. Ребёнка тошнит. 请停车。孩子感到恶心想吐。

127. Остановитесь, пожалуйста! Это срочно! Ребёнку нужно в туалет. 请快点儿停车！快点儿！孩子要上厕所。

128. Стоянка 20 минут. Пожалуйста, не опаздывайте. 停车20分钟。别回来晚了。

129. Техническая остановка через 15 минут. Стоянка полчаса. Есть магазин, кафе, где вы можете перекусить, туалет. 15分钟后到服务区，停车半个小时。那里有商

店、咖啡店。在那里你们可以吃点东西，上个厕所。

130. Мы бы хотели заехать в магазин сувениров. Это возможно?　我们想去礼品店逛逛，可以吗？

131. Свободное время час. Вы можете подняться на колокольню или просто погулять. Билет на колокольню вы покупаете самостоятельно. Цена билета для взрослых – 200 рублей, для детей – 100.　自由活动1个小时。你们可以去钟楼看看，也可以散散步。请自行购买钟楼的门票，成人票200卢布，儿童票100卢布。

132. Не забывайте свои вещи в автобусе.　不要把自己的东西落在车上。

133. Посмотрите, пожалуйста, все на месте? У всех соседи на месте?　请看一看，是不是所有人都在这儿？您旁边的人在不在？

134. Надо подождать чуть-чуть. Одна семья опаздывает. Они будут через пару минут.　请等一等，有一家人还没（有）回来，他们马上就回来了。

135. Запишите мой номер телефона.　请把我的电话记下来。

Гостиница　宾馆

136. Завтрак с 8 до 10 утра на втором этаже.　早餐时间8—10点，在2楼用餐。

137. В 10.15 (десять пятнадцать) встречаемся внизу в холле. Не опаздывайте.　10点15分我们在楼下大堂集合，请大家别迟到。

138. Надо сделать копию вашего паспорта.　需要复印一下您的护照。

139. В гостинице бесплатный Интернет. Код Wi-Fi (вайфай) на двери в номере.　宾馆有免费的网络。Wi-Fi的密码在房间的门上。

140. Звонки из номера за границу платные.　在房间打国际长途是收费的。

141. Минибар платный.（房间里）迷你酒吧内的食物、饮品是收费的。

142. Переходник для компьютера можно взять внизу у администратора.　可以在楼下工作人员那里拿电脑的转接插头。

143. Вы можете попросить вас разбудить в определённое время.　您可以让酒店提供叫醒服务。

144. Пожалуйста, соблюдайте тишину после 11 (одиннадцати) вечера.　晚上11点后请保持安静。

145. В номере нет туалетных принадлежностей.　房间没有洗漱用品。

146. В номере накурено. Не могли бы вы поменять нам номер.　房间烟味很大，可以给我们换一间吗？

147. Пожалуйста, не курите в номере.　请不要在房间里吸烟。

148. Курить можно на улице перед входом. Там есть специальное место.　可以在门前的户外区域吸烟，那里有专门的吸烟区。

149. В номере нет полотенца.　房间里没有毛巾。

150. Нам нужен утюг.　我们需要电熨斗。

151. Куда отдать постирать одежду? Она к утру высохнет?　哪里可以洗衣服？天亮前衣服能干吗？

152. В номере плохо пахнет.　房间里有味儿。

153. В номере 205 кончилась туалетная бумага. Принесите, пожалуйста. 205房间没有厕纸了，请送过来。

154. В номере 129 перегорела лампочка в душе. 129房间浴室的灯泡（烧）坏了。

155. В номере 706 засорился туалет. 706房间的厕所堵了。

156. Вы не могли бы принести ещё одно одеяло в номер 419. 可以给419房间加一床被子吗？

157. Соседи очень шумят. Помогите, пожалуйста, решить эту проблему. 隔壁房间很吵，请帮忙解决一下这个问题。

158. Этот турист хочет жить на первом этаже. Он боится ездить в лифте. 这位游客想住在一楼，他怕坐电梯。

159. Выписка из гостиницы в 12 часов. Поэтому в 12 часов все наши вещи должны быть внизу в номере. Мы оставляем их в камере хранения и идём гулять по городу. 酒店12点退房。因此，我们要在12点前把所有东西放在楼下的房间，寄存后去城里逛一逛。

160. Отъезд из гостиницы в 9 часов вечера. Не опаздывайте. Автобус ждать не будет. 离开宾馆的时间是晚上9点。别迟到，车不等人。

Магазин　商店

161. В течение этой недели во всех магазинах скидки, различные акции или спецпредложения. 本周所有商店都有打折、促销或特价活动。

162. На этой улице находятся лучшие ювелирные магазины города. 这条街上有市里最好的珠宝店。

163. «Русские самоцветы» — одна из старейших ювелирных компаний в России. Основана в 1912 году. "俄罗斯宝石"是俄罗斯最古老的珠宝公司之一，成立于1912年。

164. Фирменный магазин ЛФЗ / эл-эф-зэ / (Императорского, бывшего Ленинградского, фарфорового завода) находится на станции метро «Ломоносовская». Зелёная линия. Там можно купить изделия из костяного фарфора, изделия с рисунком «кобальтовая сетка» и многие другие изделия из фарфора. 列宁格勒皇家瓷器厂的专卖店位于罗蒙诺索夫地铁站，在（地铁的）绿线上。在那里可以买到骨瓷制品、带钻蓝色网格图案的制品和许多其他瓷器。

165. Сеть магазинов «Павловопосадские платки» есть по всему городу. Традиционный узор на платке — цветочный. Самый популярный цветок и главный элемент в цветочной композиции платка — роза. 巴甫洛夫斯基波萨德头巾的连锁店遍布全城。传统的头巾图案是花卉，玫瑰则是最常见、最主要的花卉元素。

166. Если вас интересуют магазины косметики, ювелирные магазины, магазины сувенирной продукции, книжные или любые другие магазины, я с удовольствием вам их подскажу. 如果您对化妆品店、珠宝店、礼品店、书店或任何其他商店感兴趣，我乐意为您指路。

167. На границе есть магазин беспошлинной торговли. 边境上有一个免税店。

168. При покупке двух одинаковых товаров третий в подарок. 买两件相同的商品，第

三件免单。

169. Мы принимаем только наличные.　我们只收现金。

170. Вы принимаете карты Union Pay?　您这里可以使用银联卡吗？

171. Фирменный магазин янтаря находится в двух шагах отсюда. Я покажу на карте.　琥珀品牌店离这里不远。我在地图上指给您看。

172. Если у вас покупка на сумму больше 10 000 рублей, попросите продавца оформить чек tax free.　如果您购买的商品总价超过了10 000卢布，您可以请销售员开具免税单。

173. Не забывайте, что система tax free действует не во всех магазинах.　别忘了，不是所有商店都能免税的。

174. Скажите, в этом магазине действует система tax free?　请问，这个商店是不是免税店？

Музей, выставка　博物馆、展览馆

175. Вход на выставку бесплатный.　展览免费开放。

176. Пожалуйста, не трогайте экспонаты руками. Это запрещено.　禁止触摸展品。

177. Не заходите за ограждение.　请不要越过隔离栏。

178. Фотография со вспышкой запрещена.　禁止用闪光灯拍照。

179. Если кто-то потеряется во время экскурсии, встречаемся в 15.00 (пятнадцать ноль-ноль) в холле музея.　如果有人在参观期间走散（走丢）了，下午3点请到博物馆大厅集合。

180. Не выбрасывайте билет до конца экскурсии.　参观结束前请不要把票丢掉。

181. Ребёнку надо выйти в туалет. Мы сможем войти обратно?　孩子要出去上厕所，我们等会儿还能再进来吗？

182. Внизу в музее есть кафе. Там можно перекусить.　博物馆楼下有咖啡馆，可以在那里吃点东西。

183. На первом этаже музея искусство второй половины 19-го века и временные выставки. На втором – всё остальное: древнерусское искусство (иконы), искусство 17-го и 18-го веков, начала 19-го века.　博物馆一楼有19世纪下半叶的艺术品和临时展览；二楼有其他的展品：古罗斯艺术（圣像画），17世纪、18世纪和19世纪初的艺术品。